Steven Harrison

Das glückliche Kind

Erziehung durch Freiheit

Aus dem amerikanischen Englisch
von Dorota Niedzwiecka

Edition Spuren

Die amerikanische Originalausgabe
erschien 2002 unter dem Titel
«The Happy Child» bei Sentient Publications, Boulder, Co

© 2002 by Steven Harrison
Diese Ausgabe wird veröffentlicht mit freundlicher
Genehmigung von Sentient Publications, Boulder, Co

© der deutschsprachigen Ausgabe 2004 by
Edition SPUREN
Wartstraße 3, CH-8400 Winterthur
edition@spuren.ch   www.spuren.ch

Übersetzung: Dorota Niedzwiecka
Lektorat: Martin Frischknecht
Umschlaggestaltung: Marco Perini
Printed in Czech Republic by Finidr
ISBN 3-033-00036-3

Inhalt

Einführung

Das glückliche Kind
Lernen und Lebensglück	14
Das ganze Kind erziehen	17
Lernen, zu versagen	26
Wer ist Lehrer?	31

Erziehung und Angst
Lernen ohne Angst	42
Note ungenügend	46
Prüfungen, Prüfungen	54
Lernprozess und Verhalten	59
Jenseits der Angst	67
Das glückliche Kind in einer zerrissenen Welt	72
Das Versagen der Bildung	79

Demokratisches Lernen
Individuum und Gemeinschaft	82
Der Zwang zur Bildung	84
Zwang für Geschöpfe des Staates	88
Auseinandersetzung und Entscheidungsfindung	92
Freiheit und Verantwortung:	
Das eine gibt's nicht ohne das andre	94

Lernen und Glauben

Kultur und Standpunkt	98
Denken als Methode	103
Nichts: Wonach du gesucht hast	109
Das neue Dokudrama:	
Die Vermischung von Fakt und Fiktion	113
Lauter Nahrung für den Geist	118
Den Unglauben teilen	120

Das Herz des Lernens

Trau keinem über drei	128
Das tiefgründige Wissen, nicht zu wissen	132
Spiritualität und Lernen	136
Das Herz des Lernens fördern	140

Lebendige Gemeinschaften

Die lebendige Schule	148
Produktivität und Lebensglück	150
Familie nach Wahl	156
Lebendige Gemeinschaften	159
Lerngemeinschaften	165
Über den Autor	173

Einführung

*In Zeiten des Wandels erobern Lernende die Welt,
während die Gelehrten wunderbar gerüstet sind, um
in einer Welt zu bestehen, die nicht länger existiert.*
Eric Hoffer

In sämtlichen Diskussionen darüber, wie Kinder am besten zu unterrichten seien, wird der Zweck der Bildung selten hinterfragt. Man geht davon aus, dass Bildung eine soziale Verpflichtung ist, in der es um die Vorbereitung des Kindes auf die Arbeitswelt geht. Über die Kinder selber hören wir nicht viel, von ihnen selbst so gut wie gar nichts.

Vielleicht strebt unsere Schulbildung tatsächlich nur danach, junge Menschen auf ihre Rolle in der Gesellschaft vorzubereiten. Für die Gesellschaft ist dies sicher eine nützliche Idee; doch verfehlen wir nicht den höheren Zweck und die tiefere Bedeutung des Lernens, wenn wir arbeitende Bürger produzieren? Geht darüber nicht die Seele des Kindes vergessen, jener einzigartige und fragile Ausdruck eines leidenschaftlichen und ganzheitlichen Lebens?

In diesem Buch geht es um eine Neubestimmung der Schulbildung, um eine radikale und grundsätzliche Neuausrichtung dessen, was Bildung bezweckt. Kann sich die Bildung von ihrer gegenwärtigen Funktion, die Kinder für die wirtschaftliche Produktion zu formen, lösen und in ein aktives Experiment verwandeln, in dem die Kreativität der Kinder unterstützt wird? Wir sind ja so sehr damit beschäftigt, unsere Kinder zu unterrichten, dass wir den Kern der Bildung verpassen, nämlich die Gestaltung eines glücklichen Lebens. Ein glückliches Leben, das wünschen wir uns schließlich nicht nur für unsere Kinder, sondern auch für uns selber.

Ein glücklicher Mensch, der in Verbundenheit mit seinen Freunden, seiner Familie und seiner Gemeinschaft lebt und zugleich seiner inneren Berufung folgt, wird höchstwahrscheinlich ein nützliches und produktives Leben führen und mithelfen, das kollektive Geflecht einer funktionierenden Gesellschaft zu weben. Was will eine Gesellschaft mehr von der Bildung als das Glück ihrer Mitglieder? Was sollen wir unseren Kindern denn anderes wünschen als deren Glück?

Vielleicht fürchten wir uns ja ein wenig vor dem Glück. Vielleicht hat uns die Erziehung dem Glück entwöhnt, wir wurden in eine Reihe von Fähigkeiten gezwängt, und uns wurde ein Katalog von Informationen eingetrichtert. Unsere Ausbildung diente nicht dazu, unsere Bedürfnisse zu erfüllen, sondern die Bedürfnisse des Marktes. Aber Kinder werden mit einem umfassenden Wissen über das kreative Leben geboren, und zum Glück ist Kreativität erblich – mit Leichtigkeit können wir sie von unseren Kindern wieder erlangen!

In diesem Buch werden sich kaum Verweise auf Studien über das Verhalten von Kindern oder Untersuchungen über ihr Lernvermögen finden. Ich zitiere niemanden, und auf Expertentheorien zur Bildung beziehe ich mich nur beiläufig. Obschon dieses Buch die Möglichkeiten erkundet, wie man glückliche Kinder aufziehen und ausbilden kann, geht es davon aus, dass Kinder eine angeborene Fähigkeit für das Glücklichsein und fürs Lernen haben, die allerdings vom Übereifer der Experten und deren Theorien zugeschüttet worden ist. Dieses Buch versucht, Wege aufzuzeigen, auf denen wir Kinder in lebendiger Beziehung zu ihren Eltern, Freunden, ihrer Familie und Gemeinschaft aufwachsen lassen können, ohne sie den mechanischen und lächerlichen Konditionierungen auszusetzen, die wir heutzutage als Bildung bezeichnen. Schließlich müssen wir die Gesamtheit des Lebens ansprechen, um das Kind in seiner Gesamtheit zu unterrichten.

Obwohl ich auf den folgenden Seiten viel über Kinder, ihre Kreativität und deren Ausdruck schreiben werde, habe ich dieses Buch nicht für Kinder geschrieben. Kinder brauchen weder dieses Buch noch irgendein anderes über das Lernen. Doch Eltern, Betreuer, Lehrer und Menschen, die sich um Kinder kümmern, stehen vor einer grossen Herausforderung: den Kindern zu vertrauen, dass sie in ihrem eigenen Tempo lernen, auf ihre eigene Weise und unter ihren eigenen Bedingungen. Vielleicht ist dieses Buch auch für jene jungen Menschen geschrieben, die keine Kinder mehr sind und ihren Lebensweg selber zu bestimmen beginnen, die jedoch die Last einer falschen Erziehung mit sich tragen, der sie ausgesetzt worden sind.

Entstanden ist dieses Buch aus den tiefen Erfahrungen und Auseinandersetzungen, die sich im Laufe der Gründung einer Lern- und Lebensgemeinschaft ergaben, der Living School in Boulder, Colorado. Angesichts der komplexen Fragestellungen rund um die Erziehung, Bildung, Autonomie und Beziehungsfähigkeit der Kinder einerseits und der Fragmentierung der Gesellschaft andererseits waren wir uns im Klaren darüber, dass die Herausforderung, eine lebendige und lernende Gemeinschaft zu kreieren, uns auf unerforschtes Gelände führen würde, unabhängig davon, wie viel wir bereits verstanden hatten und welche bewundernswerten Vorbilder in alternativer Bildung von Waldorf bis Summerhill uns zur Verfügung standen. Am Anfang war dies verwirrend, und es entstand ein gewisser

Druck, unsere Erkundungen einer soliden Philosophie einzupassen. Doch schon bald realisierten wir mit einiger Erleichterung, dass die Akzeptanz gegenüber dem Unbekannten genau das ist, was wir in unserem Feld des Lernens verkörpern wollen, dass es gerade diese Qualität ist, die wir den Kindern unserer Gemeinschaft bieten wollen.

Etwas nicht zu wissen, ist Ausdruck einer treibenden Neugier, wie wir sie in den Kindern um uns herum wahrnehmen. In einem Zustand beständigen Lernens fühlen sie sich völlig wohl, während wir Erwachsene oft nach einem Ende dieses Zustandes suchen. In einer lernenden Gemeinschaft gibt es weder ein solches Ende noch einen Punkt des Beginnens.

Auch wenn es ein Gebäude namens Schule geben mag, ist die Schule gewiss nicht die Seele einer lernenden Gemeinschaft. Vielmehr besteht die Essenz einer solchen Gemeinschaft in der Erkenntnis, dass wir uns alle, jung und alt, gemeinsam auf die offene Erforschung unserer Welt einlassen können, auf genau jene Weise und mit jener Kapazität, die uns zur Verfügung steht. Ein Zugang zu uneingeschränktem Lernen ist gleichzeitig ein Zugang zu großem Glück.

Viele von uns, die mit Kindern zu tun haben, sind äußerst unzufrieden mit den Schulen unserer Gesellschaft. Weit mehr Menschen sind nicht so sehr unglücklich über diese Schulen als vielmehr durch sie abgestumpft. Schließlich sind die meisten von uns durch diese Schulen gegangen, und wir sehen sie als die einzige Möglichkeit, Bildung zu vermitteln. Die Anzeichen dafür, dass etwas falsch läuft und etwas getan werden sollte, werden wir nicht bei den Eltern und Erwachsenen entdecken, sondern bei den Kindern, die ihr Leben mit einem solch explosiven Interesse am Lernen und einer immensen Kreativität beginnen und die dann, nach

Jahren der Bildung, als Erwachsene herauskommen, die gerade dieser Qualitäten beraubt worden sind.

Mit Leichtigkeit können wir uns vorstellen, wie es anders wäre: eine Gesellschaft, in der die natürliche Neugierde und Liebe zum Leben, mit der wir geboren werden, uns bis in die Jahre als Erwachsene erhalten bliebe. Als menschliche Wesen besitzen wir die angeborene Fähigkeit, uns mit der Ganzheit des Lebens zu verbinden und es genau so in uns aufzunehmen, wie es ist, und zur selben Zeit das Leben zu transformieren durch eine Kreativität, die so selbstverständlich aus dieser Offenheit, Aufmerksamkeit und Empathie erwächst. Wir bringen Kinder auf die Welt, denen diese Fähigkeiten eigen sind. Was wäre, wenn wir sie ihr ganzes Dasein in dieser Qualität verweilen liessen? Was wäre, wenn wir der Bewegung des Lebens, wie sie sich im Kind verkörpert, vertrauten, wenn wir darauf vertrauten, dass diese Kraft eine völlig andere Art des Lebens entwickeln und ausdrücken kann? Was wäre, wenn wir den Kindern die Sicherheit und Zuverlässigkeit unserer Stärke und unseres Wissens über die Welt anböten, ohne von ihnen zu verlangen, dass sie das Leben in derselben Weise begreifen, wie wir es tun? Was wäre, wenn wir den Kindern die Freiheit, den Respekt und die Verantwortung entgegenbrächten, die ihren aktuellen Fähigkeiten angemessen sind? Was wäre, wenn wir uns anschlössen an diese nie endende Leidenschaft eines Lebens voller Erfahrungen und Beziehungen?

In dieser Welt voller enormer und komplexer Herausforderungen können wir mit Sicherheit sagen, dass wir über keinerlei eindeutige Antworten verfügen. Wohl haben wir Arbeitshypothesen, Behelfsmassnahmen, Heftpflaster und viele Entschuldigungen, doch dauerhafte Lösungen für die Probleme unserer Welt haben wir keine. Wir verfügen jedoch über eine Quelle, die wir bislang noch kaum anrührten, und es ist bemerkenswert, dass wir es geschafft haben, diese Quelle in unseren öffentlichen Betrieben und Regierungen fast vollständig zu unterdrücken: Wir verfügen über das menschliche Potenzial, unermesslich kreative und transformierende Antworten auf die Herausforderungen des Lebens hervorzubringen, neue Formen des Lebens zu entwickeln und großen Gewinn aus der Vorstellungskraft und einer ganzheitlichen Betrachtung des Bewusstseins zu schöpfen. Wenn es eine Lösung gibt, dann ist diese Lösung zu finden im uneingeschränkten, ungeteilten Ausdruck eines verbundenen, tief empfindenden, bewussten Menschen – dem glücklichen Kind, das in die ganzheitliche Intelligenz eines Erwachsenen hineingewachsen ist und dessen innere und äußere Regungen eins sind, das seinen Verstand beherrscht, aber nicht von ihm beherrscht wird, und dessen Individualität mit der Ganzheit des Lebens verbunden ist.

Das glückliche Kind

Lernen und Lebensglück

Ein kleiner Junge kam von der Schule nach Hause und beklagte sich bei seiner Mutter: «Ich gehe da morgen nicht mehr hin. Ich kann noch nicht lesen. Ich kann noch nicht schreiben. Und reden lassen die mich auch nicht.»

Ein Buch über das glückliche Kind würde kurz ausfallen, wenn unsere Welt voller glücklicher Erwachsener wäre. Der Zugang zum Glück steht einem Kind auf natürliche Weise weit offen, ebenso aber zu jedem anderen emotionalen Zustand. Von Druck und Konflikten umgeben, übernimmt ein Kind auch diese Muster sehr leicht. Wer sich mit dem Glück der Kinder beschäftigt, hat sich irgendwann mit der Welt zu befassen, in der die Kinder leben; jeder Lösungsvorschlag für die Bildung hat sich an die Erwachsenen zu richten, welche die Bedingungen erschaffen, unter denen sich Lernen ereignet.

Das Kind ist dazu da, um zu sein, was es ist. Das scheint eine überflüssige und selbstverständliche Aussage zu sein. Dennoch herrscht die allgemeine Ansicht, Kinder müssten geformt, erzogen und ausgebildet werden. Nach dieser Ansicht ist Kindern keine Antriebskraft eigen, die den Respekt verdient, den wir erwachsenen Menschen entgegenbringen.

Bis hin zur Besessenheit machen wir uns Sorgen darüber, was wir aus unseren Kindern formen sollen, und immer früher beginnen wir, an ihnen herumzumachen, um sie auf den rechten Weg zu bringen. Unzufrieden damit, dass die allgemeine Schulpflicht mit 6 Jahren beginnt, treiben wir eine Art logischer Regression weiter hin zur Vorschule, zu Frühunterricht, vorgeburtlichem Musikhören, Ultraschalluntersuchung und genetischen Tests vor der Schwangerschaft. Wir sind überzeugt, dadurch das perfekte Kind zu erschaffen. Doch würden wir Perfektion denn überhaupt erkennen, falls wir nach all den Eingriffen je auf sie stoßen sollten? Zeigt sich Perfektion als ein Mini-Ich, als umtriebiger, produktiver Homunkulus? Oder könnte es sein, dass das Kind bereits perfekt ist, gerade so wie es ist? Ist das Kind nicht, wie der Erwachsene auch, einem grundlegenden, existenziellen Dilemma ausgesetzt, einen Trubel an Gedanken, Gefühlen und Handlungen zu einem sinnvollen Leben zusammenzusetzen?

Wir widmen uns einer bedeutenden Untersuchung, die sämtliche unserer Ansichten über die Erziehung unserer Kinder beeinflussen wird. Für jene, die der Auffassung sind, ein Kind sei grundsätzlich mangelhaft und misslungen, es bedürfe der Reparatur und Neuausrichtung, bedeutet Erziehung ein Zurechtbiegen des Kindes, wie es jetzt ist, in ein Kind, das es sein sollte. Nach Ansicht aufgeklärter Eltern ist das Kind zwar nicht mangelhaft, doch bedarf es aufklärender Bilder durch das Einprägen angemessener Werte, speziell jener der Eltern.

Wir alle sind Erwachsene, die «sein sollten», und nie schaffen wir es zu genügen, egal in welchem Bereich. Es ist ja so einfach, diese grundlegende Unzufriedenheit an unsere Kinder weiterzugeben und sie in den Kult des Unglücklichseins einzuführen, der im Materialismus seinen Trost findet.

Doch wenn wir Kinder nicht von Geburt auf als mangelhaft betrachten, was sind sie dann anderes als Mysterien? Können wir sie begleiten, wenn sie sich in ihrem Leben zur Erforschung des Unbekannten aufmachen? Haben wir die

Stärke, ihnen offen zu legen, dass wir genau wie sie im Unbekannten leben? Darin versuchen wir nicht, sie oder uns zu ändern, vielmehr lassen wir uns ein auf die erstaunlichen Entdeckungen, die das Leben für uns bereithält. Wir können unseren Kindern nicht beibringen, das Leben in vollen Zügen zu genießen, denn das Wissen über das Leben ist willentlich nicht übertragbar. Aber Kindern fällt es ja so leicht zu verstehen, wenn sie nicht daran gehindert werden, und noch leichter fällt es ihnen, wenn sie sehen, dass die Erwachsenen an ihrer Seite kontinuierlich lernen, genau wie sie.

So verwandelt sich die Frage nach dem glücklichen Kind in eine Frage nach dem glücklichen Erwachsenen. Wo sonst wäre Glück für beide zu finden, wenn nicht in ihrer gemeinsamen und spielerischen Reise durch das Leben im Geiste vorbehaltloser Erforschung?

Das ganze Kind erziehen

Wenn der Mensch sich das Ganze vorstellt als Summe voneinander unabhängiger Teile, dann wird sich sein Denken nach diesem Modell ausrichten. Doch wenn es gelingt, alle Einzelheiten kohärent und harmonisch als ein umfassendes Ganzes wahrzunehmen, das weder aufgeteilt noch zerbrochen ist, dann wird das Denken diesem Modell gemäß verfahren, und daraus erwachsen geordnete Handlungen im Rahmen dieses Ganzen.
David Bohm

Was bedeutet es, ein Kind in seiner Gesamtheit zu erziehen? Eine leichte Frage, würde man meinen. Es müsste doch wohl möglich sein, etwas über die Gesamtheit des Kindes zu erfahren, wenn wir uns dem zuwenden, wovon wiederum das Kind ein Teil ist: ganzheitliche Eltern, ganzheitliche Familien, eine ganzheitliche Gesellschaft. Dummerweise lassen sich ganzheitliche Eltern, geschweige denn ganzheitliche Familien oder Gesellschaften aber schlecht finden. Sie alle tendieren dazu, verwirrt, fragmentiert und dysfunktional zu sein. Die Herausforderung besteht darin, mit Kindern eine Art des Umgangs zu finden, die es jedem Kind ermöglicht, selbst in einer fragmentierten Welt seine Ganzheit zu entwickeln.

Erziehungssysteme gehen davon aus, dass Kinder verbessert werden müssen – doch haben sie denn einen Schaden? Sind sie nicht bereits Ausdruck dessen, was wir uns gemäß eigener Aussagen von unserem Erziehungssystem wünschen: Neugierde, Kreativität und Kommunikation? Sind

Kinder nicht ohnehin dabei, Fertigkeiten zu erwerben, Informationen einzuholen und wirkungsvoll Beziehungen aufzubauen, und tun sie das nicht in einer Geschwindigkeit, welche diejenige der Erwachsenen bei weitem übersteigt?

Wenn wir die Möglichkeiten einer Erziehung des Kindes als Ganzes in Betracht ziehen, müssen wir sämtliche Dimensionen des Menschen berücksichtigen, nicht nur die intellektuellen. Wir können nicht behaupten, dass eine Ausbildung, die sprachliche, mathematische und grafische Fähigkeiten vermittelt, bereits das Kind als Ganzes spiegle. Wir können sagen, dass wir die intellektuellen, emotionalen, physischen und selbst die spirituellen Aspekte des Kindes erziehen wollen, und selbst das umfasst noch nicht das Kind als Ganzes. Wir kommen nicht darum herum, den unergründlichen, vorgeformten, genetischen Voraussetzungen eines Kindes Rechnung zu tragen, ebenso wie der offensichtlichen Formbarkeit des Gehirns in seinen Reaktionen auf die Umwelt. Wir müssen das Kind ansprechen, wie es in Beziehung steht, wir müssen unsere Erziehung auf jene Sammlung von Attributen ausrichten, die zum Kind gehören, ebenso wie wir uns auf die Weise beziehen, in der ein Kind mit der Welt interagiert, und auf die Weise, in der die Welt antwortet.

Das Kind in seiner Ganzheit befindet sich im Epizentrum eines Netzes von Mitteilungen und Antworten. Einem Kind beizubringen, die Fülle des Lebens einfach zu objektivieren und in Zahlen zu fassen, heißt auch, zu lehren, die eigenen Fähigkeiten zu beschneiden und zu begrenzen, anstatt das gesamte menschliche Potenzial auszuschöpfen. Diese Beschränkung der Fähigkeiten unter dem Deckmantel der Erziehung mag die funktionierende und angemessene Antwort auf die Anforderungen einer vergangenen Epoche gewesen sein, sie entspricht jedoch kaum den Herausforderungen der Gegenwart. Heutzutage ist es von unschätzbarem Vorteil, die Wechselwirkungen zwischen Systemen auf allen Ebenen zu verstehen, zum Beispiel bei der Führung einer ganzen Unternehmensgruppe angesichts der Tatsache des globalen ökologischen Ungleichgewichts. Dem Gebot, sinnvoll mit der beispiellosen Geschwindigkeit des Informationsflusses, dem Zusammenstoß der Kulturen und den schwindenden Ressourcen, vom Öl bis zum Wasser, umzugehen, ist mit einer fragmentierten Ausbildung nicht länger zu genügen. Ebenso wenig kann eine Erziehung, die das Kind nicht in all seinen Aspekten anspricht, ihm von Nutzen sein.

Das Bildungssystem, über das wir heute verfügen, entstand beim Übergang von der Agrargesellschaft zur Industriegesellschaft. Die Schule bereitete bäuerliche Arbeiter auf ihre Aufgabe in der Industrie vor. Der großartige Mythos, den wir uns über die öffentliche Bildung erzählen, geht so: Wenn unser Kind ausreichend gebildet ist, wird es erfolgreich sein. Kraft ihrer Bildung wird es unseren Kindern möglich sein, sich ein Stück vom Kuchen der Wirtschaft abzuschneiden. Wenn du den Bauernhof hinter dir lässt und in die Stadt ziehst, warten dort eine Stelle und alle möglichen Güter auf dich.

Dieser Tausch brachte weitere Veränderungen mit sich: Die relative Unabhängigkeit und Selbstgenügsamkeit des Bauernhofs wurde eingetauscht gegen die Abhängigkeiten einer Anstellung in der städtischen Wirtschaft, aber gleichzeitig wich der harte Existenzkampf des Bauern der verhältnismäßigen Behaglichkeit des städtischen und vorstädtischen Lebens. Eine breit angelegte öffentliche Bildung unterstützte diesen Übergang.

Wie unsere Wirtschaft ist auch unser Bildungssystem darauf angelegt, Produkte hervorzubringen. Das Produkt der Bildung ist ein Arbeiter in der Industrie. Das ist der historische Zweck der Bildung. Ob die Bevölkerung nun wirklich gebildet oder das Individuum bloß dazu gebracht wurde, dienstbar zu sein, Tatsache ist, dass unser Bildungssystem eine Arbeiterschaft hervorbrachte, die im vergangenen Jahrhundert eine noch nie dagewesene Wirtschaftsmaschinerie am Laufen hielt.

Doch produziert dieses System Arbeitskräfte für das postmoderne Informationszeitalter, oder schafft es verkümmerte, nutzlose Relikte aus der Vergangenheit? Brauchen wir an diesem Punkt unserer Entwicklung noch Industriearbeiter, oder soll unser Bildungssystem etwas anderes hervorbringen?

Auf der praktischen Ebene müssen wir uns die Frage stellen, wie hoch in unserer Gesellschaft der Wert eines Menschen ist, dem beigebracht wurde, Informationen einzusaugen und auszuspucken, statt selber zu denken. Die Kinder, die wir heute unterrichten, werden in ein, zwei Jahrzehnten erwachsen sein. Wird in dieser künftigen Welt, der Welt in zwanzig Jahren, ein Mensch auf dem Arbeitsmarkt gefragt sein, der mit Informationen abgefüllt wurde, die nicht länger zeitgemäß sind, sondern mit Informationen von vor zehn, zwanzig Jahren? Wird man einem Kind, das in seiner Ausbildung gelernt hat, Informationen zu behalten und von sich zu geben, Wertschätzung entgegenbringen? Ist es nicht offensichtlich, dass Computer mit dieser Art von Aufgabe besser zurechtkommen, dass Computer schon jetzt Informationen weitaus besser aufnehmen und verarbeiten können als die meisten von uns? Nicht auf die Informationen wird es ankommen, sondern auf unsere Fähigkeit, diese zu nutzen.

Betrachten wir die Zukunft unserer Kinder, so wird deren Beziehung zu den dannzumal zur Verfügung stehenden Informationssystemen weit wichtiger sein als irgendwelche Häppchen aus der Informationsflut von gestern. Ein Kind, dem die Möglichkeit gegeben wird, die Quellen von Informationen zu untersuchen, deren Bedeutung und Nützlichkeit zu erkunden, ein Kind, das sich die Fähigkeit erwirbt, mit Informationen geschickt umzugehen, wird sich geschmeidig in der Zukunft bewegen.

Die Ironie ist offensichtlich. Kinder gehen von Natur aus auf diese Weise mit Informationen um, und nur die schwerste aller Maßnahmen kann sie daran hindern: Wenn man sie in die Schule verfrachtet, wo sie zum Stillsitzen verknurrt werden, wo man sie am Reden hindert und sie dazu zwingt, zuzuhören und sich Wissen anzueignen: Informationen rein, Informationen raus, genau wie ein Computer. Selbstverständlich können Computer dies schneller, sie tun es präziser, und sie brauchen weder Schlaf noch eine Mittagspause oder Urlaub.

Glücklicherweise ist ein Kind in seiner Ganzheit von einem Computer leicht zu unterscheiden, da gibt es noch andere Fähigkeiten als das bloße Aufnehmen und Speichern von Informationen. Die menschliche Intelligenz ist ganzheitlich. Sie kann Informationen in ihren Einzelheiten betrachten und die Beziehung der Einzelheiten zueinander erfassen. Doch ist es das, was in unseren Schulen gelehrt wird? Ist es diese Art von Wissen, die vermittelt wird, wenn ein 12-jähriges Kind neben anderen 12-jährigen Kindern in der Schule sitzt und sich den für das Ablegen einer Prüfung erforderlichen Stoff aus der Geometrie erwirbt, bis fünfzig Minuten später die Pausenglocke läutet? Lernt ein Kind so die Wechselwirkungen zwischen den Dingen kennen, oder lernt es Wissensfragmente, die von allen anderen Dingen abgekoppelt sind? Lehren wir ein Verständnis, das alle Ebenen des menschlichen Seins zueinander in Beziehung stellt, oder lehren wir einen beschränkten Bereich, der vorwiegend aus intellektuellem Stoff besteht? Ist es da ein Wunder, dass Kinder sich oft einsam und isoliert fühlen? Wir bringen ihnen Trennung bei, indem wir einen kleinen Bereich der menschlichen Fähigkeiten für wichtiger halten als alle anderen.

Stellen wir uns eine andere Möglichkeit vor: Kinder in ihrer Ganzheit, die ihre Entwicklung noch nicht abgeschlossen haben und sich frei fließend durch ihre Gedanken und Gefühle bewegen, die ihre inneren und äußeren Fähigkeiten erkunden, während sie sich gleichzeitig des gesellschaftlichen Umfelds bewusst sind, in dem sie leben. Bilden wir für diese Kinder ein unterstützendes Umfeld, bieten wir ihnen die Freiheit, sich auszudrücken, und verleihen wir ihnen die Verantwortung für ihr eigenes Lernen. Geben wir ihnen die Möglichkeit, Lerngemeinschaften zu bilden, in denen sie als Schüler ihren Lernprozess frei von Zwang, Drohungen oder Überzeugungsversuchen selber bestimmen können; in denen das Interesse und nicht der Zwang ihre Aufmerksamkeit lenkt; in denen sie selber Verantwortung für ihren Lernprozess übernehmen und wo sie die Freiheit kennen lernen, die mit dieser Verantwortung einhergeht. Schließen wir uns darüber hinaus vorbehaltlos ihrer Erforschung des Lebens in seiner Ganzheit an, denn ohne unsere vollständige Teilnahme wird diese Entdeckungsreise unserer Kinder von den Schemen unserer Ängste überschattet sein.

Kinder sind fähig, ihren Bedarf an Bildung anzumelden, wenn wir sie dieser Fähigkeit nicht durch unsere schiere

Überlegenheit, durch Einschüchterung oder durch die versteckte Androhung von Gewalt berauben. Wenn wir zulassen, dass Kinder ihre Bildung selber bestimmen, wird dieses Element der Selbststeuerung selber zu einem Teil des Lernens werden. Im herrschenden Schulsystem, in dem Informationen mit Gewalt an passive Schüler verfüttert werden, hat es dafür keinen Platz.

Es ist leicht, die Fähigkeit zum selbstgesteuerten Lernen bei einem sehr kleinen Kind zu beobachten. Doch wenn ein Kind älter wird, entwickelt es nebst seinem Willen auch die intellektuellen Fähigkeiten, um uns herauszufordern, und damit kommt die Zeit für den Schulbus, um das Kind abzuholen und wegzuschaffen.

Viele Eltern sind gewillt, ihre Kinder einfach irgendwohin zu schicken. Und natürlich gehen die Eltern anderswohin, und nie werden die zwei sich wieder treffen. Wohin die Kinder entschwinden, wohin die Eltern entschwinden, und was in ihrer Abwesenheit in ihren Häusern passiert, bleibt ein Mysterium.

Das Konzept, die Kinder in eine Lagerhalle zu verfrachten, wo ihnen Fremde Lernstoff verabreichen, der von Politikern und gelehrten Theoretikern entworfen wurde, ist außerordentlich seltsam und weitab der Wirklichkeit von Kindern. Wir kommen nicht umhin, uns zu wundern, wie so etwas zu einer Grundlage unserer Gesellschaft werden konnte. Wie kann es bloß unsere Absicht sein, dass unsere Kinder so behandelt werden? Wir stimmen dieser Behandlung ja nur zu, weil wir überzeugt sind, dass es dem Wohl unserer Kinder dient – und falls wir damit nicht einverstanden sind, werden wir durch Bußen und Strafen zum Mitmachen gezwungen. Und schließlich lassen wir ja auch zu, dass wir selber weggeschickt werden, transportieren wir uns doch eigenhändig in die Lagerhallen unserer Arbeitsstellen. Also bilden wir uns ein, dieses Schicksal sei auch unseren Kindern zumutbar.

Die Welt, in der wir leben, ist eine Welt in Stücken. Wir sind fragmentiert: da sind unsere Arbeitsplätze, unsere Schulen, unsere Gesellschaft. Dennoch müssen wir einen Weg finden, Kinder in ihrer Ganzheit zu erziehen, Kinder, die der Zukunft vollständig und ohne Angst begegnen können, die eine Intelligenz haben, mit der sie neue und herausfordernde Situationen meistern können.

Kinder brauchen unsere Liebe, unsere Unterstützung und den Ausdruck unserer Weisheit in der Art und Weise, in der wir das eigene Leben gestalten, wie wir arbeiten, und wie wir Gemeinschaften bilden. Wir können nicht hoffen, unseren Kindern von Nutzen zu sein, bevor wir nicht unsere eigenen Fragmentierungen erkannt haben. Vielleicht wurden wir als Kinder im Schulbus weggeschafft, um Fakten und Zahlen zu lernen, um belohnt, bestraft, geprüft und sozialisiert zu werden. Wie können wir, da wir doch selber das Ergebnis einer abgespaltenen Erziehung sind, ein Kind ganzheitlich erziehen? Können wir uns aufgrund der eigenen Erziehung überhaupt daran erinnern, was Ganzheitlichkeit für uns bedeutet?

Bis das Kind mit 18 Jahren unabhängig wird, sorgen die Eltern dafür, dass seine grundlegenden materiellen Bedürfnisse befriedigt werden. So lautet unser Auftrag, haben wir doch ein Kind in die Welt gestellt. Wir haben es in Obhut genommen und sind zu einem Kind eine Beziehung eingegangen, daher werden wir auf der materiellen Ebene für das Kind sorgen, mit Nahrung, Kleidern und Obdach. Brauchen Kinder im schulpflichtigen Alter darüber hinaus, dass wir uns ihnen als Vermittler bestimmter Erfahrungen aufdrängen?

Wir wollen das Beste für unsere Kinder. Wir möchten sie vor Fehlschlägen und Schaden bewahren. Wir möchten ihre Aussichten auf Glück und Erfolg steigern. Wie sollen wir wissen, was es für sie zu tun gilt?

Oft wird die Forderung aufgestellt, für Kinder begabter Eltern müsse es Selbsthilfegruppen geben. Bin ich eine begabte Mutter oder ein begabter Vater, so projiziere ich in mein Kind, dass es ebenso begabt ist, dass es genau so sein wird, wie ich es bin, und dass es nach all jenen Dingen streben wird, die ich immer schon wollte. Und wer unter uns zu den Eltern gehört, der gehört zweifellos auch zu den Begabten! Schicken wir also unser Kind zum Violinenunterricht, ist es doch bereits drei Jahre alt. Das wird ihm einen frühen Karrierestart ermöglichen. Dem Kind all die Sachen aufzudrängen, die ich selber vollbracht habe – und darüber hinaus oft genug auch noch, was ich selber nicht zustande brachte –, das führt dazu, dass sich zum Kind eine neurotische Beziehung entwickelt.

Wir mögen uns fragen, ob ein Kind überhaupt je darauf käme, dass es so etwas wie Violinen gibt, wenn wir nicht aktiv dafür sorgen, dass es diesem Instrument begegnet. Eine Violine im Haus zu haben, bedeutet ja noch nicht, sie dem Kinde aufzudrängen. Das Kind jeden Donnerstag um 15 Uhr mit Musik und einem Violinlehrer zusammen in ein Zimmer zu stecken und ungeduldig auf das Erwachen seines Interesses zu warten, das kann sehr wohl ein Aufdrängen sein. Auf diese Weise wird Erwartung zu Druck, und ein Kind entdeckt nicht die Violine, sondern bloß die Erwartungen seiner Eltern.

Lernen, das frei von Zwängen ist, findet in einem Umfeld statt, das dem Kind auf offene und verständnisvolle Weise begegnet und in dem das Kind sachlich informiert wird, ohne dass sein Lernen in eine bestimmte Richtung gelenkt wird. Kinder sind interaktiv; beständig sind sie dabei, zu kommunizieren und Informationen aufzunehmen. Wenn wir ihnen nur schon offen zuhören und wenn wir ehrliche, direkte Antworten geben, die das Kind weder seiner Verantwortung berauben noch ihm unsere Autorität aufdrängen, verwirklicht sich das Potenzial eines Kindes ganzheitlich. Was auf diese Weise gelehrt wird, ist nicht nur eine Information, ein Konzept oder eine Fähigkeit, sondern vor allem eine Demonstration gegenseitiger Einflussnahme auf der Basis von Beziehung. Das ist, wie es sich herausstellt, bereits einiges, und eigentlich reicht es aus.

Lernen, zu versagen

Wo die Kindheit stirbt, werden die Leichen Erwachsene genannt und in die Gesellschaft eingeführt – eine gefälligere Bezeichnung für die Hölle. Darum fürchten wir unsere Kinder, selbst wenn wir sie lieben, denn sie zeigen uns das Stadium unseres Verfalls.
Brian Aldiss

Misserfolg ist nicht nur ein unverzichtbarer Bestandteil von Erfolg; oft bringt Versagen auch mehr Gelegenheiten mit sich, etwas zu lernen, als die Erfahrung von Erfolg und Vollendung. Ohne Fehlschläge bringen wir es normalerweise nicht zu einem Erfolg, und daher ist unser Verhältnis zum Misserfolg ein bestimmender Faktor des Lebens.

Woher rührt unsere Vorstellung vom persönlichen Versagen? Schau dir deine eigene Erfahrung an, woher die Botschaft deiner Unzulänglichkeit erklingt, vernimm die Stimmen derer, die zu dir sagten, du seist gut oder schlecht, im Recht oder im Unrecht, und deine eigene Stimme, die dir heute einredet, dass du nicht gut genug bist. Hier können wir ansetzen, um uns bewusst zu machen, wie wichtig es ist, Kinder ihr eigenes Gespür für Fehlschläge und Erfolge entwickeln zu lassen, für Wertschätzung, Bedeutung und Interesse.

Von frühem Kindesalter an belohnen wir unsere Kinder mit Lob, und oft tun wir es auf recht erfinderische Weise, um sie dazu zu motivieren, ihr Verhalten weiterhin in eine bestimmte Richtung zu lenken. Genauso verwirrend ist es für sie, wenn wir ihnen unsere emotionale Unterstützung entziehen, nachdem ihre Erkundung des Lebens sie auf eine Weise hat agieren lassen, die wir nicht mögen. Ein Kind findet relativ rasch heraus, was Erwachsene über sein Verhalten denken. Das ist es nicht, was verwirrend wirkt. Das Kind lernt, dass wir es mögen, wenn es das Papier bemalt und nicht die Wand. Später lernt es, dass wir seine Musik, seine Kleider, Freunde, sein Benehmen und so weiter mögen oder nicht mögen. Das ist überhaupt nicht verwirrend. Verwirrend ist für viele Kinder, dass sie nie die Chance bekommen, herauszufinden, was sie mögen und nicht mögen, was es ist, das ihre Leidenschaft und Lebenskraft vollumfänglich hochbringt. Oft bekommen Kinder keine Chance, für sich selber herauszufinden, was Misserfolg für sie bedeutet, und so lernen sie vielleicht auch nie die Bedeutung von Erfolg kennen.

Ironischerweise sind es oft gerade jene Menschen, die in hohem Maß Leistungen erbringen, die ihren Erfolg und

Misserfolg nur über externe Faktoren definieren: Noten, Arbeitsstellen und Einkommen. Jene, die erfolgreich auf den Wegen zum äußeren Gelingen wandeln, werden vielleicht nie lernen, was ihnen innerliche Befriedigung verschafft. Das Talent, äußere Belohnungen zu sammeln, hat womöglich nichts mit Glückseligkeit zu tun. Jene Kinder, die Fehlschläge durchleben, haben die Gelegenheit, zu erkunden, was sie innerlich glücklich macht, da sie ihr Glück nicht in äußeren Erfolgen finden. Wozu soll ein Kind sich zuerst mit vorgegebenen Ansichten über Erfolg und Misserfolg oder mit äusserlichen Belohnungen und Bestrafungen herumschlagen, um verstehen zu lernen, was ein Leben der Freude ist?

Kinder, denen der Raum dazu gelassen wird, sind frei, ihre Leidenschaften zu entdecken: jene Aktivitäten und Fertigkeiten, die ihre gesamte Lebensenergie entfachen und zum uneingeschränkten Ausdruck ihrer Kreativität, ihrer Produktivität und – nicht ganz zufällig – ihres Lebensglücks führen. Was für eine erstaunliche Vorstellung: glückliche Kinder! Wozu sollten wir uns da einmischen? Wie kommen wir dazu, zu glauben, die unmittelbare Verbindung eines anderen Wesens zu seinem eigenen Herzen bedürfe unseres Dazutuns? Natürlich können wir das tun, wenn wir wollen. Es sind ja bloß Kinder. Wir sind größer, wir sind stärker, und wir sind mit den Mitteln der Machtausübung weit besser vertraut als sie. Aber weshalb wollen wir aus leidenschaftlich lebenden Kindern Erwachsene machen, die auf der Suche sind nach dem Glück?

Wenn mächtige Erwachsene sich nicht einmischen, um über Erfolg und Misserfolg zu bestimmen und das Kind dem Wettbewerb mit anderen Kindern auszusetzen, damit es sich in diesem Ringen Aufmerksamkeit, Lob und Status erwirbt; ohne solche Einmischung bekommen Fehlschläge für ein Kind eine andere Bedeutung. Reaktionen aus der Umwelt eines Kindes bilden nur einen Teil des Ausdrucks von Misserfolg, sie bilden nur eine einzelne Komponente im Gleichgewicht mit den inneren Erwägungen des Kindes und seinem kreativen Drang, die Welt erkennen zu wollen.

Für ein Kind in seiner Leidenschaft ist Misserfolg nicht bloß etwas, das ihm von aussen auferlegt wird, sondern etwas, das den inneren Drang mit der Antwort verbindet und im Zusammenhang betrachtet werden will. Vielleicht definiert das Äußere den Misserfolg: ein chemisches Experiment, das danebenging, ein Bild, das keiner versteht, ein Antrag, der auf Ablehnung stößt. Vielleicht geschieht der Misserfolg im Innern: das Interesse an einem Projekt geht verloren, ein Kind ist unfähig, ein Musikinstrument zu erlernen oder sich in einem Gedicht auszudrücken. Solcherart Misserfolg bedeutet aber keine Niederlage, er verlangt von uns nicht, dass wir unser Verhalten ändern, um ein bestimmtes Resultat erzielen zu können. Das Erforschen des Misserfolgs ist für das Kind die Erforschung dessen, was es als Kind ausmacht. Durch diese Erkundung wird erlernt, zwischen Interessen, angeeigneten Fertigkeiten und inneren Anlagen zu unterscheiden und daraus das eigene Leben zu formen. Unweigerlich sind diese Bemühungen mit Erfolg verbunden – echtem Erfolg als ganzheitliches menschliches Wesen, nicht bloß als eine Ansammlung erwünschter Verhaltensweisen. Jedem Kind und jedem Menschen ist das tiefe Bedürfnis eigen, solcherart Integration in sich selbst als auch in seinen Beziehungen zur äußeren Welt zu finden. Wird dieses grundlegende Bedürfnis durchkreuzt, so ist das eine Zerstörung der Seele. Zurück bleibt das intakte Gehäuse einer angepassten Persönlichkeit, aber ein leeres Herz.

Wir Erwachsene haben als Kinder vielleicht keine Möglichkeit gehabt, den innigen Ausdruck unseres Herzens zu erkunden. Vielleicht lernten wir stattdessen, folgsam oder ungehorsam zu sein; wir entwickelten unsere soziale Persönlichkeit entsprechend den Belohnungen und Bestrafungen des damals gerade favorisierten Erziehungsstils. Nun, da wir in den Trümmern unseres Lebensplans nach den Überresten eines gebrochenen Herzens suchen, können wir etwas ganz Simples tun. Wir können den Kindern von heute die Gelegenheit verschaffen, ihre Herzen intakt vorzufinden, ihren Ausdruck zu entdecken und diesen Ausdruck zu leben. Wir können den Kindern die Möglichkeit zugestehen, nach ihren eigenen Massstäben danebenzuhauen oder erfolgreich zu sein, ihre inneren und äußeren Reaktionen nach Maßgabe ihrer Leidenschaft zu bemessen. Dies wird uns die Gelegenheit geben, unsere gebrochenen Herzen zu heilen, die Transformation von Fragmenten zu einem Ganzen. Dieser simple Akt, unseren Kindern zu erlauben, einfach zu sein, was sie sind, er wird das Herz der Erziehung verändern.

Wer ist Lehrer?

Drei Lehrer befanden sich auf einem Spaziergang im Wald, als sie eine Spur sahen. «Diese Spur ist von einem Hirsch», sagte der erste. «Nein, ziemlich sicher von einem Elch», sagte der zweite. «Ich bin überzeugt, dass die Spur von einem Rehbock stammt», sagte der dritte. Sie steckten noch mitten in ihrer Diskussion, als ein Zug heranbrauste und sie überfuhr.

Die meisten Lehrer haben studiert, wie Kinder lernen, oder sie haben es von jenen gelernt, die studiert haben, wie Kinder lernen, oder sie haben sich zumindest in Vorlesungen über Lerntheorien verschiedene Spekulationen darüber angeeignet, wie Kinder lernen. Nur einige Reformer, Rebellen und Visionäre haben das Feld der Theorie verlassen und sich auf das Leben der Kinder selber eingelassen, um von Kindern zu erfahren, wie sie lernen oder was Lernen für sie bedeutet. Die meisten Lehrer kommen mit Kindern und dem Unterrichten erst in Kontakt, nachdem sie theoretisch gelernt haben, wie man unterrichtet, und nachdem ihnen jahrelang beigebracht wurde, wie man lernt, was folgerichtig bedeutet, wie man unterrichtet.

Da verwundert es nicht, dass im Unterricht fast keinerlei Innovation geschieht. Lerntheorien, die auf dem Boden der üblichen Unterrichtsformen und der dahinter stehenden Annahmen entstehen, können kaum etwas vollständig Neues, Frisches und fundamental Anderes formulieren. Die Unterrichtsmethoden sind in einem Kreislauf der Selbstverewigung gefangen. Innovation, Experimentierfreude und Forscherdrang, welche die Essenz des Lernens ausmachen, gehören nicht zur Tagesordnung des institutionalisierten Unterrichts. Durch den Einfluss von akademischen Institutionen, von Firmen, die als Sponsoren auftreten, von Publizisten und Beratern in Bildungsfragen und nicht zuletzt durch politischen Druck sind unsere Schulen zu einem Gemisch an gesellschaftlichen Prägungen geworden, in dem die Kinder als Versuchskaninchen rüder Manipulation ausgesetzt werden. Was dabei herauskommt, ist überwältigend und schrecklich; nicht allein aufgrund der abnehmenden Fähigkeiten junger Leute beim Lesen und Schreiben und ihrer sinkenden Allgemeinkompetenz, sondern auch wegen der steigenden Gewalttätigkeit, die aus dem Versagen der heutigen Bildung erwächst. Im Gegensatz zu den meisten Wirtschaftszweigen, in denen solche Ergebnisse den Bankrott einer Firma bedeuteten, wächst das Bildungswesen, das immerhin ein Multi-Milliarden-Dollar-Unternehmen ist, indem unaufhörlich Verbesserungen der eigenen Abwegigkeit ersonnen werden.

Oft sind sich Eltern nicht bewusst, was für sonderbare, geradezu verrückte Theorien hinter den Bildungsprogrammen stehen, denen sie ihre Kinder aussetzen. Einige Eltern nehmen sich zwar die nötige Zeit, um die verschiedenen Unterrichtsmethoden kennen zu lernen, und sie versuchen, vernünftige Entscheidungen für ihre Kinder zu fällen. Aber oft werden bei dieser Urteilsbildung die Ängste und Sorgen der Eltern in Bezug darauf, was sie sich für ihr Kind erhoffen, nicht in Betracht gezogen. Ohne das Bewusstsein der Eltern für diese Projektionen wird das Kind zu einem Träger der unerfüllten Träume der Eltern. Je früher diese Träume umgesetzt werden, desto besser. Selbst von Babys wird heutzutage erwartet, dass sie lernen: der Mozart-Effekt in der Krippe, Kinder-Videos von Einstein, sobald sie aufwachen, und falls sie nach ihrem Unterrichtstag nicht schlafen können, hilft die Ferber-Methode den Eltern dabei, die Schreie ihres Kindes zu überhören, bis das Kleine sich erschöpft hat. Dies ist der Drang der Eltern nach Perfektion, der Druck, erfolgreich zu sein, der Wettkampf um Ressourcen, die Angst, dass wenn mein Kind es nicht schaffen wird, ich selber es nicht schaffen werde.

Eine befrachtete Babyzeit geht so über in eine verplante, leistungsorientierte und ständig unter Druck stehende Kindheit. Ist es da ein Wunder, dass Kinder an ADS leiden, dass sie zusammenbrechen, abschalten, sich entziehen und ihren Wert nach Prüfungsergebnissen und Designerjeans bemessen? Ist es ein Wunder, dass sie mithilfe von Pagern, Handys und Kurznachrichten kommunizieren, um den Anschluss an flüchtige Beziehungen und hastige Mahlzeiten und ein gehetztes Leben nicht zu verpassen? Das haben sie in der Schule und zu Hause gelernt. Sie haben gelernt, schneller und besser zu werden, oder genauer: dass sie nicht schnell oder gut genug sind. Einige lernen tatsächlich, noch schneller zu rennen, andere lernen, aufzugeben. Einige wenige, die mit einem ungewöhnlich hohen Maß an gesundem Menschenverstand und angeborenem Selbstvertrauen ausgestattet sind, lernen, dass sie in Ordnung sind, so wie sie sind, egal wie sie sind. Diese wenigen Kinder sind zum Glück langsam beim Lernen, das heißt, dass sie nie auf die Weise gelernt haben, die von ihnen erwartet wurde, sondern nur auf die Weise, die ihnen entspricht.

Wie stellt sich der Lernprozess aus der Sicht des Kindes dar? Das Interesse des Kindes liegt nicht darin, Wissen als solches anzuhäufen. Der Lernprozess ergibt sich aus Forschungsaktivitäten, die von Neugierde angetrieben werden. Informationen werden nicht zum Selbstzweck gesammelt, sondern sie fallen als Begleitumstand an. Sie sind Werkzeuge, die dafür verwendet werden, um die Erkundungen weiterzutreiben.

Neugier ist eine rätselhafte Eigenschaft. Schwer ist es, sie in einem Kind zu wecken, leicht aber ist es, sie zu zerstören. Kleine Kinder interessieren sich für Dinge, von denen wir längst vergessen haben, dass es sie überhaupt gibt. Sie sind fasziniert davon, wie Gebrauchsgegenstände zusammengesetzt sind und was in ihnen steckt. Die meisten Erwachsenen machen sich keine Gedanken darüber, wie das Innere eines Telefons aussieht, aber ein Kind wird viel Zeit und Energie dafür verwenden, ein Telefon zu zerlegen, es zu betrachten und mit den Einzelteilen zu spielen.

Genauso sind Kinder endlos daran interessiert herauszufinden, wie sie mit der Welt umgehen sollen und wie diese Welt auf sie antwortet. Sie sind sich der Machtstrukturen und der Mechanismen, wie man diese beeinflusst, durchaus bewusst. Ihre soziale Intelligenz zeigt sich auch darin, dass Kinder sich in hohem Maße der unausgesprochenen Absichten von Erwachsenen bewußt sind, und dass sie genau wissen, wie sie Erwachsene durch entsprechendes Verhalten beeinflussen können. Das verschleiert die Realität in vielen als bedenklich geltenden schulischen Institutionen, wo es scheint, als vermittle der Lehrkörper den Kindern irgendwelche Informationen, wo sich in Wahrheit jedoch die Kinder strategisch verhalten in Bezug auf den Erwachsenen und die Macht, die er ausübt. Selbst unter solchen Umständen wird das Kind von Neugierde angetrieben, während es seine Erkundungen fortsetzt: Was passiert, wenn ich kooperiere, was passiert, wenn nicht, was, wenn ich die richtige Antwort gebe, was, wenn nicht, und so weiter?

Lehrer sind von ihrer Mission, Informationen zu vermitteln, oft dermaßen eingenommen, dass die erzieherische Besessenheit zum bestimmenden Zweck ihrer Beziehung zu den Kindern wird. Ein Kind, das dies begreift, erteilt entsprechende Antworten und entdeckt damit einen Weg der erfolgreichen Zusammenarbeit mit dem Lehrer, während das eigentliche Lernthema zu einem Nebenschauplatz der ganzen Sache wird. Das Fach selber, das ein Lehrer unterrichtet, interessiert das Kind vermutlich nicht im Geringsten. Warum sollte es auch?

Die meisten Fächer sind derart abstrakt und haben so wenig mit dem Leben eines Kindes und dessen Vorlieben zu tun, dass es eher seltsam wäre, wenn beim Kind auch nur ein Funken Interesse vorhanden wäre. Mit religiösem Eifer bringen wir Kindern bei, Buchstaben zu erkennen, und wir sind glücklich, wenn sie diese wie Papageien nachplappern können. Aber für Kinder im Grundschulalter hat ein Buchstabe vielleicht keine andere Bedeutung als jene, dass die Eltern oder der Lehrer besonders interessiert an diesem Buchstaben zu sein scheinen und ausgesprochen glücklich sind, wenn das Kind dies ebenfalls ist. Also ist ein Kind «interessiert», was für das Kind nichts anderes bedeutet, als dass es die Eltern oder Autoritätspersonen zufrieden stellt.

Wir belohnen ein solches Kind, indem wir lauthals anerkennen, wie gut und brillant es ist, wenn es Buchstaben oder den Namen eines bestimmten Gegenstands aufsagen oder diesen Namen später lesen kann. Um die Sicht des Kindes kümmern wir uns nicht, welches sich wohl eher darum sorgt, dass wir ihm unsere Zuneigung entziehen, wenn es etwas nicht weiß oder, schlimmer noch, wenn es sich dafür nicht interessiert.

Natürlich sind Kinder auch neugierig auf Buchstaben,

Zahlen und Lesen. Aber wir wissen wenig darüber, was sie in dieser Hinsicht erleben. Ein Buchstabe mag für sie eine interessante Gestalt sein, ein Zeichen aus einer Dimension von Klängen, ein Wesen, das mit so vielen anderen Gegenständen in Beziehung steht (A steht für Apfel), oder ein Mittel, um Geist und Hand durch einen faszinierenden Tanz von Kreativität und Nachbildung zu führen. Für ein Kind kann ein Buchstabe so viele unterschiedliche Bedeutungen haben, für einen Erwachsenen ist ein Buchstabe einfach nur Teil eines Symbolsystems, mit dessen Hilfe wir das geschriebene Wort konstruieren. Der Rest der kindlichen Erfahrung scheint für uns nicht weiter wichtig zu sein, solange das Kind den Buchstaben erkennen, ihn aussprechen und ihn schreiben kann. Später wird es wichtig, dass das Kind Gruppen von Buchstaben in der Form von Worten lesen und schreiben kann.

Wenn Kinder lernen, so lernen sie das, was ihr Lehrer für wichtig hält, und so werden Buchstaben zu bloßen Buchstaben, zu bloßen Teilen eines Symbolsystems, das wir «Wörter» nennen. Später lernen Kinder, dass schnelles Lernen gut ist, dass es wichtig ist, Recht zu haben, und dass manche Kinder klüger sind als andere (diese anderen sind dümmer), dass die Unterdrückung von Gefühlen und das Ausdrücken von Gedanken (zumindest gewisser Gedanken) gut ankommt. Vielleicht wächst ein Kind auch in einer fortschrittlicheren Atmosphäre auf, in der es darauf ankommt, die offensichtlichen Unterschiede zwischen Kindern gerade nicht zu beachten, in einer Atmosphäre, in der die Gruppendynamik gefördert und individuelle Initiative heruntergespielt wird, in der ruhige Emotionen mehr gelten als heiße, in der die Unterdrückung von schlechten Gedanken und die Pflege von guten Gedanken zum guten Ton gehören. Oder das Kind wächst in einem Mischmasch von geschätzten und abgelehnten Verhaltensweisen auf. Das erfolgreiche Kind übernimmt den Drill und verinnerlicht jenes Verhalten, das gut ankommt. Ein Versager-Kind hingegen lernt, sich auf eine unakzeptable Weise zu benehmen, vielleicht bloß, weil ihm keine erfolgreiche Position mehr offen steht, oder weil das Kind seine natürliche Antriebskraft nicht ausreichend zu unterdrücken vermag. Beide Typen von Kindern, das erfolgreiche wie das erfolglose, haben etwas gelernt, und beide haben ihren Platz kraft jenes Verhaltens gefunden, das sie sich zugelegt haben.

Wie viele Erzieher gibt es, die ein Auge haben für diese Zusammenhänge des Lernens? Ist ihnen klar, dass es auf den Stoff des Unterrichts zum größten Teil nicht ankommt und der Stoff nur als Mittel dient, um in der sozialen Struktur, welche die Schule hervorbringt, Erfolg oder Misserfolg zu erzielen? Alle Lehrer, egal welches Fach sie unterrichten, lehren im Grunde immer nur das eine: Beziehungen. Kinder wollen in Wirklichkeit etwas übereinander erfahren, und ihre Sozialisierung scheint das gewichtigste Motiv zu sein, dessentwillen Kinder die Anfechtungen der Schule überhaupt auf sich nehmen.

Am Anfang hören sie vielleicht ihren Lehrern zu, in der Hoffnung, etwas über Beziehungen herauszufinden, doch zu viele Lehrer schwafeln bloß über Geografie oder Mathematik. Mit der Zeit geben es Kinder auf, von Erwachsenen sinnvolle Kenntnisse über Beziehungen zu erwarten, und sie wenden sich einander zu, um mehr darüber herauszufinden. Oft ist es dann zu spät; die Muster sind bereits eingeprägt, und sie werden einfach von Kind zu Kind weitergegeben – jene peinigenden, zerstörerischen Muster, die sie zu Füßen der Meister erworben haben: ihrer Lehrer und Eltern.

Ungeachtet der Prägungen eines Kindes ist es ohnehin so, dass andere Kinder die bedeutendste Quelle der gegenseitigen Beeinflussung, Sozialisation, Information, ja, selbst der Erziehung sind. Doch dieser natürliche Reichtum wird verschwendet, da wir in der Schule die gegenseitige Einflussnahme der Kinder aufeinander stark beschränken. Miteinander zu sprechen, wird behandelt, als handle es sich um abweichendes Verhalten, wo Sprechen doch eine unserer natürlichsten Ausdrucksweisen ist und der Gebrauch von Sprache den Menschen als Spezies überhaupt definiert. Kinder werden in altersgleiche Gruppen aufgeteilt, wodurch die augenfälligsten Mentoren, nämlich die älteren Kinder, ohne die Bewunderung von und die Verantwortung für die jüngeren Kinder auszukommen haben. Kinder stehen ungeachtet ihres Alters in Beziehung zueinander, doch wir bringen ihnen mittels jenes bizarren Zwangs, den wir Klassenzimmer nennen, bei, diese Beziehungen abzuklemmen. Damit gehen wir einer riesigen, potenten Schicht von dynamischen, inspirierten und wirkungsvollen Lehrern verloren – der Kinder selber.

Kinder lernen von dem, was für sie von direktem Interesse ist, von der Welt, die unmittelbar vor ihnen der Fall ist, aus dem, wozu sie in Beziehung stehen.

Wer ist Erzieher? Bildung erwächst aus der Ganzheit, nicht vom Lehrer allein. Dem Kind entgeht nichts: Eltern, Gemeinschaft, Schule, Lehrer und die anderen Kinder, sie alle sind Teile des Ganzen, sie alle sind Erzieher. Ein Kind lernt aus allem, was sich in seinem Leben abspielt, in der inneren wie der äußeren Welt. Wenn ein Lehrer aus der Fülle seines eigenen Lebens heraus in die Gesamtheit des Lebens seiner Schüler tritt und jeder den anderen vollständig und leidenschaftlich in Anspruch nimmt, um gemeinsam etwas von weit reichendem Interesse zu lernen, dann ereignet sich Unterricht, da an dieser Interaktion lauter Lernende beteiligt sind; Erzieher aber sind hierbei nicht zu finden.

Erziehung und Angst

Lernen ohne Angst

Ein kleiner Junge kam von der Schule nach Hause mit einer Nachricht vom Lehrer, die besagte, er habe keinen Forschergeist. Die Mutter war deswegen natürlich sehr ungehalten.
«Du musst Forschergeist entwickeln. Ich werde dir zeigen, was es heißt, einen Forschergeist zu haben. Auch wenn ich dir das rund um die Uhr beibringen muss, so wirst du Forschergeist hervorbringen!», sagt die Mutter.
Da fragte sie der Junge: «Mama, was ist das eigentlich: Forschergeist?»
«So stell mir doch bloß nicht so viele Fragen!»

Lernen hat damit zu tun, eine neue Situation zu erleben, das Wesen dieser Erfahrung in sich aufzunehmen und die darin enthaltene Information zu verarbeiten. Wenn diese Aspekte nicht alle zusammenspielen, lässt sich nicht auf ganzheitliche Art lernen.

Wir könnten Neuem auch begegnen, ohne das Geringste darüber zu lernen. Bestimmt lassen sich Informationen und Techniken zusammentragen, ohne dass wir die dazugehörige wesentliche Erfahrung machen. Sich Bruchstücke einer Erfahrung anzueignen, ist jedoch gewiss nicht dasselbe wie das Erleben der Erfahrung selbst. Ganzheitliches Lernen ist seinem Wesen nach vollständig; was neu ist, wird vollständig in das bestehende Wissen und in die bestehende Technik aufgenommen. Partielles Lernen – das Lernen eines Teils des Ganzen – ist im besten Falle irreführend und im schlimmsten gefährlich, so es nicht als bruchstückhaft erkannt wird.

Die Wege des Lernens und die Wege des Wissens sind gesäumt von Leichen des unvollständigen Lernens, das sich als Tatsache tarnt. Nur gelegentlich hat der Kult des Wissens Risse erkennen lassen, wo er unter dem Druck steht, vermeiden zu müssen, was er nicht kennt.

Als eine Kultur, die verliebt ist in die Technik, tendieren wir dazu, den aktiven Teil des Lernens zu bevorzugen, da dies zu einer Steigerung der Produktivität führt. In der Erziehung wird das Erlernen von Technologie und der Erwerb von Information auf Kosten des weit wesentlichen Verständnisses und der Integration der Erfahrung bevorzugt.

Unternehmen können unglaublich effizient Güter und Dienstleistungen herstellen, ohne dass die Mitarbeiter die geringste Ahnung haben, was sie eigentlich tun oder warum. Und nur selten wird die Frage nach den Absichten, die sich dahinter verbergen, gestellt.

Wissenschaftliche Forschung wird von den Kräften der Wirtschaft und des akademischen Erfolges getrieben, und Forscher treten selten einen Schritt zurück, um ihre Verbindung mit dem sie umgebenden Leben zu überprüfen. Die Erzieher sind im selben Sumpf der Marktkräfte gefangen und behandeln ihre Schüler, als beschränkte sich die Gesamtheit der menschlichen Erfahrung auf Produktivität mit dem Wohl des Staates als ihrem heiligsten Tempel.

Wir wissen nicht viel über den Vorgang des Lernens, da uns normalerweise die Angst zum Lernen angetrieben hat. Worüber wir schließlich viel gelernt haben, ist das Überleben. In der Schule lernten wir, dass die richtige Antwort gut und die falsche schlecht ist. Wenn wir die richtige Antwort wussten, durften wir vorne sitzen, wenn wir sie jedoch nicht wussten, war es klüger, hinten zu sitzen, wo wir uns besser verstecken konnten.

Noch heimtückischer war, dass wir lernten, es gäbe eine richtige Antwort. Dies wurde uns beigebracht, und wir glaubten es. Das Problem mit richtigen Antworten ist die sich daraus ergebende Folgerung, dass es einen Haufen falscher Antworten gibt. Die Aussichten, eine falsche Antwort zu geben, sind viel größer als jene, die richtige Antwort zu wissen. Und da das Risiko einer falschen Antwort so groß ist, haben viele von uns es vorgezogen, sich zu verstecken und zu schweigen.

Zurückblickend ist dieses ganze Konzept von richtigen und falschen Antworten etwas absurd, damals schien es jedoch ziemlich vernünftig. Es leuchtete ein, dass Informationen unveränderlich sind und dass man etwas weiß, wenn man sie einmal gelernt hat. Zweifelsfrei ist es wahr, dass man etwas weiß, doch die Nützlichkeit dieses Wissens kann schnell abnehmen. Ich lernte, wie man einen Rechenschieber benutzt, dass Atomenergie die saubere Alternative zu Kohle sei, dass die Sowjetunion existiere und noch viele weitere Fakten und Fähigkeiten, welche sich heute als falsch, fragwürdig, nutzlos oder inexistent erweisen.

Wie kommt es, dass Lernen durch Angst motiviert wird? Wenn wir einem neuen Sachverhalt begegnen, wissen wir nicht genau, worum es sich handelt, und müssen erst etwas darüber lernen. Wenn wir aus Angst etwas darüber lernen, werden wir vielleicht überleben. Wir können einen sicheren Weg finden, wie wir uns durch die Situation bewegen, zuhören oder antworten können, und heil herauskommen. Was in dieser Situation passieren wird, gestalten wir aufgrund dessen, was wir bereits kennen. Wenn ich die Antwort darauf weiß, was der Lehrer fragt, werde ich die Hand heben. Weiß ich die Antwort nicht, werde ich die Hand nicht heben. Wenn ich weiß, was in einer Situation passiert, werde ich mehr Risiken eingehen.

Warum lernen wir aus Angst anstatt aus Neugier? Wir könnten in eine neue Situation geraten und extrem neugierig auf sie sein. Wir könnten unerschrocken und engagiert sein. Wir könnten mit jedem Aspekt dessen, dem wir begegnen, in Kontakt treten. Warum überlassen wir uns der Angst anstatt der Neugier? Warum wollen wir unsere Kinder lehren, auf dieselbe Art zu leben?

Ein kleines Kind ist noch nicht indoktriniert und lernt aus Neugier, indem es herausfindet, worum es in einer Situation geht, indem es sie direkt austestet und furchtlos Fehler macht. Kinder müssen erst lernen, dass es so etwas wie «falsch» gibt. Aus ihrer Sicht – wo falsch als psychologisches Versagen nicht existiert – gibt es eine hundertprozentige Chance, dass sie Recht haben, selbst wenn sie total danebenliegen. Jede Antwort, die sie finden, ist eine Möglichkeit, jede Erfahrung, die sie machen, ist eine gültige Erfahrung, und sie lernen aus allem.

Ist es möglich, Kinder so zu unterrichten, dass man dieser natürlichen Neugier, dieser Furchtlosigkeit, der Fähigkeit, sich auf neue Situationen einzulassen und vollen Kontakt herzustellen, die Führung überlässt? Oder müssen wir sie das Fürchten lehren, um ihnen eine sichere Basis für ihr Verhalten zu geben? Das ist die Art von Sicherheit, die wir kennen: uns zu fürchten und aus dieser Furcht heraus zu funktionieren. Dies ist eine fundamentale Frage, die wir uns als menschliche Wesen, als Mitglieder dieser Gesellschaft und als Eltern stellen müssen. Lassen wir uns von Angst steuern oder gehen wir das Risiko des Erforschens ein?

Werden wir von Trennung und Sicherheit oder von Kontakt genährt? Wir können diese Frage rein intellektuell abhandeln und über unsere Kinder, Erziehungstheorien oder unsere Lebensphilosophie diskutieren. Oder wir können uns von ihr in die Tiefe führen lassen, indem wir nach uns selbst fragen, danach, wie wir leben, wie wir mit unseren Kindern umgehen und wie wir unsere Kultur erschaffen. Diese ist letztlich unser Vermächtnis an jene, die heute jung sind.

Note ungenügend

> *Man hatte sich für Prüfungen all dieses Wissen in den Kopf zu stopfen, ob man wollte oder nicht. Dieser Zwang hatte auf mich eine derart abschreckende Wirkung, dass mir ein ganzes Jahr lang, nachdem ich die Abschlussprüfungen bestanden hatte, jegliche Überlegungen zu wissenschaftlichen Problemen ein Gräuel waren.* Albert Einstein

Oft ist es Angst, mit der wir ermessen, wie gut wir im Vergleich zu anderen abschneiden; die anderen betrachten wir dann nicht als Freunde, Kollegen oder Mitglieder der Gemeinschaft, sondern als Konkurrenten. Im Erziehungswesen wird dies durch das System der Benotung aufrechterhalten. «A»-Schüler sind besser als «B»-Schüler, und die wiederum sind besser als «C»-Schüler. Wir alle bilden uns beständig ein Urteil darüber, was in unserem Leben geschieht. Wir vergleichen mit früheren Erfahrungen. Der Vergleich zwischen dem, was früher geschah, mit dem, was jetzt geschieht, bringt die Note hervor, die wir der augenblicklichen Erfahrung verpassen. Wir mögen sie oder wir mögen sie nicht. Sie weckt in uns Angst oder Freude. Wir benoten unsere Erfahrungen. Wir vergleichen diese Erfahrung mit jener Erfahrung, die Vergangenheit mit der Gegenwart. Wir vergleichen einen Erstklässler dieser Klasse mit einem Erstklässler jener Klasse. So ist unsere Welt aufgebaut.

Gibt es daneben etwas, dem wir mit keiner Benotung oder Qualifizierung beikommen? Was für eine Eigenschaft gibt es im Bereich unserer Erfahrung, unseres Leben, unserer Kultur, unserer Schulen, die derart reich ist, dass sie uns unwiderstehlich antreibt und von uns verlangt, mit der Welt in immer tiefere Beziehung zu treten, um sie zu erkunden? Wir könnten diese Eigenschaft als Neugierde bezeichnen. Wir könnten von Leidenschaft sprechen. Es ist eine zwingende Kraft in uns allen. Sie berichtet uns von dem, was sich in unseren Herzen befindet, und sie erteilt keine Noten, sie teilt nicht ein und sie beurteilt nicht. Ist es nicht absurd, die Erfahrung des Lernens, die doch hauptsächlich von der Neugierde angetrieben wird, durch externe Schiedsrichter beurteilen zu lassen? Gerade das aber geschieht an unseren Schulen, und die Machtstruktur dieser Institutionen sieht vor, dass es der Lehrer ist, der die Noten erteilt, nicht der Lernende selber. Der Marktplatz des Lernens ist in dieser Hinsicht sonderbar: eine Zwangswirtschaft, in welcher der Konsument vom Hersteller beurteilt wird, anstelle eines freien Marktes, in dem minderwertige Produkte keine Abnehmer finden.

In unserem Bildungssystem werden gewisse Gebiete bevorzugt behandelt. An unseren öffentlichen Schulen werden mathematische Kenntnisse und die Fähigkeit, sich schriftlich auszudrücken, weit höher veranschlagt als Musik, Kunst oder die unerhörte Tätigkeit des bloßen Stillsitzens, des Sinnierens und Träumens. So wird in jedem Semester und an jeder Schule stets Mathematik unterrichtet, da Mathe in der Wertschätzung nun einmal so weit oben steht. Längst nicht in jedem Semester gibt es das Angebot, mit Holz zu werken. Philosophieunterricht ist höchst selten, und ganz bestimmt gibt es keinen Unterricht über das Lernen selber. Wir sind ja viel zu beschäftigt damit, zu unterrichten, als dass wir uns jemals Zeit dafür nähmen, das Wesen des Lernens selber zu betrachten. Wer bestimmt, welche Fächer hohe Wertschätzung genießen und welche nicht? Und was geschieht mit jenen, welche diesen Vorgaben gemäß nicht genügen? Was wir mit diesem System tatsächlich ausdrücken, ist: «Die Fähigkeit, die du hast, ist nicht wertvoll; die Werte, die ich dir beibringe, auf die kommt es an. Und wenn du gut darin bist, dir die Inhalte, welche ich dir beibringe, anzueignen, wirst du geschätzt werden. Wenn nicht, wirst du fallen gelassen.»

Noten geben uns Aufschluss darüber, wie gut jemand mit diesen Vorgaben zurechtkommt, und sie verraten einiges mehr. Wir akzeptieren diese Einteilung der Intelligenz, weil sie wirkungsvoll die weniger Begabten von den Leistungsfähigen sondert. Das hilft uns, die Strukturen unserer Gesellschaft aufrechtzuerhalten. Wenn Sie eine in hohem Masse durch Wettbewerb bestimmte Gesellschaftstruktur mögen, dann lieben Sie Noten vermutlich. Die Idee dahinter ist einfach: Ein kleiner Prozentsatz von Menschen steht an der Spitze. Ein großer Prozentsatz befindet sich in der Mitte. Und dann gibt es den Rest, die Versager, und die stehen unten. Das ist die Kurve der statistischen Verteilung. Zuverlässig, folgerichtig und fehlerfrei produzieren Noten ein paar wenige Gewinner, etliche Mitläufer und Streber und einige Verlierer. Soziologen, Bildungsingenieure und akademische Mandarine haben dieses System in ihren Labors ersonnen und sich anschließend für ihre Erfindung gleich selber die Note A erteilt, A für Allmacht, obwohl sie vermutlich ein F verdient hätten, F für Falschheit, wenn wir ihnen bloß auf die Finger geschaut hätten.

Es geht auch anders: dass wir Kinder für das wertschätzen, was sie sind, dass wir ihnen die Verantwortung dafür überlassen, ihren Lernprozess selbständig zu gestalten und ihn nach eigenen inneren Maßstäben zu beurteilen. Was von einem bestimmten Gebiet erlernt wurde, mag anderen Menschen präsentiert werden, wodurch das Verständnis bestätigt werden kann. Schließlich möchten wir alle von Zeit zu Zeit erfahren, wo wir stehen. Wenn sich ein selbstgesteuerter Lernender an einer Hochschule einschreiben will, werden von ihm vermutlich verschiedene Demonstrationen seines Wissens verlangt, einschließlich vergleichender Prüfungen. Die Motivation, in einer bestimmten Richtung zu promovieren, wird auch Motivation genug sein, sich darauf vorzubereiten, den Aufnahmebedingungen zu entsprechen.

Wenn wir vom Zwang sich wiederholender Prüfungen absehen, wird in Lernenden, die langsamer sind oder deren Interessen abweichen, der Geist des Lernens nicht gebrochen. Das Weglassen der Noten gibt dem Einzelnen die Freiheit des Lernens zurück. Er ist nun nicht länger dazu gezwungen, zwecks Belohnung Informationen aufzunehmen und auf Verlangen von sich zu geben. Lernen ereignet sich in der Freiheit, einer Sache zu begegnen, die Erfahrung dieser Begegnung uneingeschränkt zu machen, diese Erfahrung zu integrieren und ausreichend Zeit zu haben, um die

Beschaffenheit dieser Erfahrung zu begreifen, was ihre Merkmale sind und wie diese nutzbar gemacht werden können. Lernen ist etwas unvorstellbar Vielfältiges und Schönes.

Die Erfahrung des Lernens ist eine vollständig andere, wenn einem gesagt wird, was die eigene Erfahrung ist, wie sie erklärt werden kann und was sich mit ihr tun lässt und was nicht. Auf diese Weise ist eine Erfahrung für den Lernenden bar jeden Lebens, denn sie bietet nur die Darstellung der Erfahrung als Information, ohne die Vielfalt, die Verlockung und jenes anziehende Leuchten eines umfassenden, begeisterten und selbstgesteuerten Lernens. Information lässt sich benoten, Leuchten nicht. Wenn man uns Erfahrung als Information verabreicht, die es zu memorieren gilt, entsteht dazu lediglich eine technische oder sachliche Beziehung, ohne dass es zur Integration käme. Wenn es darum geht, Produktivität zu erreichen, ist dies die einzige Aufgabe, welche der Schule zukommt. Arbeiter brauchen keine Seele, was sie brauchen, ist eine sachdienliche Ausbildung. Offensichtlich besteht ein gewichtiger Unterschied zwischen vielschichtigem, aktivem Lernen und einer rein mechanischen Aufnahme von Begriffen, aber die Bedeutung dieser Unterscheidung gibt es offensichtlich nur für das Kind, nicht für unsere Gesellschaft.

Ist es denn nicht wichtig, dass ein jeder Schüler lernt, sich in die Gesellschaft einzupassen? Was, wenn mir ein Lehrer sagt, ich solle keine violetten Pferde zeichnen? Darüber werde ich doch wohl hinwegkommen, oder? Aus mir wird vielleicht kein Künstler, stattdessen lerne ich, Ingenieur zu sein. Vielleicht braucht unsere Gesellschaft die Leistung von Ingenieuren mehr als Bilder von violetten Pferden. Selbst wenn ich das Ingenieurswesen hasse und es nur wegen des Geldes betreibe, kann ich abends immer noch heimgehen und Pferde zeichnen. Die Gesellschaft braucht Brücken, Computer, Maschinen.

Zählt die Gesellschaft mehr als die Verwirklichung des Einzelnen? Kann eine Gesellschaft eine Seele haben, deren Mitglieder ihrer Seele planmäßig durch Gewalt und durch Schulen beraubt worden sind?

Es kann sich doch nicht jeder selbst verwirklichen, sonst hätten wir ja eine Unmenge Dichter und Maler. Und Menschen, die glücklich sind, drängt es nicht notwendigerweise zur Arbeit. Es braucht doch wohl ein System, das es einem gewissen Prozentsatz der Gesellschaft erlaubt, oben zu stehen, und einen gewissen Prozentsatz dazu zwingt, unten zu sein, wodurch sichergestellt wird, dass noch jemand in der Fabrik arbeitet. Wie sonst wollte man Menschen dazu bringen, dieser Art von Arbeit nachzugehen? Es braucht nicht nur wirtschaftlichen Zwang, man muss den Menschen auch die Leidenschaft abgewöhnen.

Ein gut Teil des amerikanischen Bildungssystems ist im 19. Jahrhundert aus dem preussischen System übernommen und in die Vereinigten Staaten verpflanzt worden. Die Preussen waren von Napoleon besiegt worden. Das war nicht gut. Sie standen vor der Wahl, entweder Französisch zu sprechen oder ihren Leuten Disziplin beizubringen. Die Preussen waren damals keine guten Kämpfer; vielleicht dachten sie zu viel über die Sinnlosigkeit des Kämpfens nach. Das System der Preussen wurde in der Folge darauf ausgerichtet, Gehorsam hervorzubringen. Damit einhergehend wurde Kreativität ausgemerzt, und der Verstand junger Menschen wurde mit den Erfordernissen des Staates zur Übereinstimmung gebracht, indem Heranwachsenden beigebracht wurde, auf selbständiges Denken zu verzichten.

Wie bringt man seine Bürger dazu, sich nach den Vorgaben des Staates auszurichten? Man muss ihre Leidenschaft zerstören und sie durch Gehorsam gegenüber dem Staat ersetzen. Fraglos sind autoritäre Systeme leistungsfähiger, selbst in der Bildung. Das preussische System war gut organisiert, und es brachte messbare Resultate. Bald schon wurde es modisch und in die Vereinigten Staaten exportiert, wo es sich zum herrschenden Schulsystem entwickelte. Es ist kein System des Lernens, sondern ein System der Zerstörung der kindlichen Leidenschaft. Sein Zweck liegt darin, Kinder nach dem Willen des Staates zu formen und aus ihnen Arbeiter zu machen. Das preussische Schulsystem des 19. Jahrhunderts war dazu da, einen kleinen Prozentsatz von Schülern zu Führern zu machen. Der große Teil der Schüler hatte diesen Führern zu dienen, und der Rest konnte nicht ausgebildet werden und wurde zu Arbeitern abgerichtet. Das System war dazu da, die Kinder zum Wohle des Staates zu ordnen. Und der Staat existierte natürlich zum Wohle jener Elite, welche sich dieses Schulsystem hatte einfallen lassen.

Jene, die in der ersten Reihe ihrer Klasse sitzen und stets die richtige Antwort haben, werden zur Spitze aufsteigen. Für sie funktioniert das System vortrefflich, und sie werden fortfahren, es zu verfechten, während sie ihre Privilegien und ihre Macht genießen. Den künftigen Arbeitern, den Poeten, den Lernenden, die nicht in die Norm passten, den verletzten, wütenden, verwirrten Schülern, denen steht etwas anderes bevor. Sie werden einer Kultur unterzogen, die zu ihnen sagt: «Du darfst nicht das tun, was du gerne tust, aber du kannst etwas tun, das dir das Überleben sichert.»

Für die Gesellschaft funktioniert das. Funktioniert es auch für die einzelnen Menschen? Funktioniert es für Kinder? Funktioniert es für uns alle? Die Gesellschaft ist schließlich ein sozialer Kontrakt, ein Abkommen zwischen uns allen.

Für die Antwort auf diese Frage müssen wir das eigene Leben betrachten und feststellen, ob unsere Leidenschaft durch die Ausbildung, die wir durchliefen, gefördert wurde. Hat die Erziehung uns befreit, hat sie unsere innersten Qualitäten hervorgebracht und uns dabei unterstützt, uns zu verwirklichen? Oder haben wir die Erziehung bloß überlebt und überleben nun unser Leben? Lernten wir, in den hinteren Reihen zu sitzen und nur dann zu antworten, wenn wir sicher waren, die richtige Antwort zu kennen? Hat man uns beigebracht, eine Arbeit anzunehmen, damit wir die Rechnungen zahlen können? Haben wir gelernt, eine isolierte Existenz zu überstehen, während wir unser geleastes Auto aus der Garage unserer mit Hypotheken belasteten Eigentumswohnung steuern? Vielleicht waren wir durchschnittliche Schüler, die sich in ein durchschnittliches Leben pressen ließen. Oder waren wir begabte, tüchtige Schüler, die unter dem Druck der Schule oder des Lebens zerbrochen sind? Wenn wir weder das eine noch das andere waren, strebern wir dann immer noch, so sehr wir nur können, um allen zu beweisen, dass wir eigentlich in die erste Reihe gehören?

Prüfungen, Prüfungen

Wie sehr eine Unterrichtsmethode zutrifft, erweist sich am Glück des Kindes. Maria Montessori

Mit Prüfungen den Lernfortschritt bei Kindern feststellen zu wollen, ist ein schlecht erdachtes Konzept, welches jedoch so sehr zu unseren Vorstellungen von Bildung gehört, dass man nicht weiß, wo bei der Behebung des Problems anzusetzen ist. Und Prüfungen sind ein Problem.
Prüfungen sind ein Problem, weil sie zu einem mehrere Hundert Millionen Dollar schweren Geschäftszweig angewachsen sind, mit dem es unternommen wird, die Resultate eines öffentlichen Bildungssystems zu bestimmen, das doch so offensichtlich nicht funktioniert, während dasselbe Geld dazu verwendet werden könnte, Neues zu erschaffen und es durchzusetzen. Stattdessen werden die Mittel aus den lokalen Schulen abgezogen und zu Lern-Instituten verschoben, der Trend führt weg von den nicht profitorientierten, öffentlichen Institutionen zu privaten, profitorientierten Unternehmen.

Das System der Prüfungen funktioniert ja insofern, als es die Masse der Schüler deutlich aufteilt entlang sozioökonomischer Grenzen. Es trennt jene Schüler, die wissen, wie man Prüfungen besteht, von jenen, die das nicht wissen, und natürlich trennt es jene, welche sich den Lernstoff, der ihnen abverlangt wird, angeeignet haben, von jenen, die den Stoff nicht gelernt haben. Wo liegt da ein Problem? Sagen Prüfungen nicht etwas über die Menge des erlernten Stoffes aus? Hilft dies nicht den Schulbehörden und Lehrern, einen Lehrplan auszuarbeiten? Hilft es denn nicht, jene

Schulen auszumachen, deren Leistungen nicht genügen? Zweifellos erfüllen Prüfungen diese Funktionen und damit den Zweck, zu dem sie erschaffen wurden, trotz des kulturbedingten Betrugs, dass Kinder reicher Eltern vom System bevorzugt werden, und trotz der Verschwendung unzähliger Stunden, während denen Kinder für diese Prüfungen zu büffeln haben.

Das wahre Problem mit den Prüfungen liegt darin, dass sie den Kindern nichts bringen. Kinder durchleben wegen der Prüfungen Angst, Mutlosigkeit, Langeweile und Apathie. Mit den Bedürfnissen der Kinder haben Prüfungen nicht das Geringste zu tun.

Prüfungen sind Instrumente von Politikern, von Geschäftsinteressen und Bildungsberatern. Prüfungen helfen weder erfolglosen Schulen noch helfen sie Schülern, die den Anforderungen nicht gewachsen sind. Wenn wir helfen wollen, warum tun wir das dann nicht einfach? Prüfungen tun Kindern nichts Gutes, vielmehr tun sie den Kindern etwas an: Sie verwandeln lebendige Menschen in Träger statistisch relevanter Information, sie verpassen Schülern ein Etikett und stressen sie durch die Demütigung von Misserfolgen, die man ihnen auferlegte.

Prüfungen haben nichts mit Lernen zu tun. Sie haben nichts damit zu tun, jemandem etwas beibringen zu wollen. Sie haben nichts damit zu tun, auf ein bestimmtes Kind einzugehen. Sie fördern weder das Wohlergehen noch die Kreativität oder die Freude.

Keiner scheint Prüfungen zu mögen – die Eltern nicht, die Lehrer nicht, und gewiss nicht die Kinder. Und doch nimmt die Obsession der Prüfungen ständig zu, als ob mehr davon besser wäre, wo doch gar nichts das Beste ist.

Prüfungen scheinen den Lehrplan von öffentlichen Schulen zunehmend zu bestimmen und die Herzen und Köpfe von immer mehr Kindern zu beherrschen. Doch Prüfungen haben eine grundsätzliche Schwäche. Sie leben davon, dass wir uns um sie kümmern, dass wir an sie glauben und uns vor ihnen fürchten.

Was geschieht, wenn wir das nicht länger tun?

Was geschieht, wenn wir beschließen: «Das nehmen wir nicht länger hin?» Wir nehmen die Prüfungen nicht mehr hin, oder genauer ausgedrückt, wir sind nicht mehr bereit, Prüfungen mit unseren Schulgeldern zu finanzieren oder unsere Kinder in eine Position zu zwingen, in der sie Prüfungen hinnehmen müssen. Mit den Prüfungen ist es wie mit den Ungeheuern, die sich nachts unter dem Bett tummeln: Sie verschwinden, sobald wir aufhören, uns vor ihnen zu fürchten. Das geschieht, wenn wir unseren Kindern erlauben, die Prüfungen zu ignorieren, wenn wir uns von einer Idee abwenden, deren Zeit längst abgelaufen ist.

Der Fortschritt im Lernprozess wird dann nicht mehr aus dem Ergebnis von Prüfungen abgeleitet, er ergibt sich aus der Zusammenarbeit jener, die gemeinsam ein Lernfeld teilen und eine einzige einfache Frage zu beantworten vermögen – eine Art Test, wenn man so will. Was ist der Unterschied zwischen einem Kind und einer Statistik?

Prüfungen versagen, wenn es darum geht, ein Kind in seiner Gesamtheit zu unterrichten.

Wenn das Schulsystem, das wir geschaffen haben, Prüfungen favorisiert, lernen Schüler, wie man den Prüfungsprozess übersteht. Das ist es schließlich, was Prüfungen prüfen. Mit Prüfungen lässt sich nicht ermessen, wie wir all das, was wir wissen, in das, was wir leben, umzusetzen vermögen. Wie sollte es je möglich sein, das Wissen der Kinder zu prüfen? Das Wissen der Kinder umfasst so viele

Dimensionen; Prüfungen können niemals hervorbringen, was sie wissen, sondern nur, was sie nicht wissen. Prüfungen bringen Kindern nichts bei, es sind Menschen, die Kindern etwas beibringen.

Während ich an diesem Buch schrieb, wurde ich von einer großen Universität des Mittleren Westens der USA eingeladen, um vor einer Klasse von Studenten einen Vortrag zu halten. Das Thema war: ein Unterricht, der von den Lernenden bestimmt wird. Ich ging davon aus, dass Studenten in Sachen Unterricht sehr erfahren sind und sich zweifellos leidenschaftlich für das Thema meiner Vorlesung interessieren würden. Also freute ich mich darauf, zu erfahren, was junge Lehrer darüber dachten. Doch kurz vor Beginn meiner Stunden erfuhr ich, dass sich in Wahrheit viele Studenten nur darum für unsere gemeinsame Veranstaltung entschieden hatten, weil sie dazu gezwungen waren, Punkte zur Erfüllung ihres Lehrplans zu sammeln. Mit dem Thema, das ich ihnen anbot, verbanden sie kein spezielles Interesse, außer dass sie davon ausgingen, es würde sich um kein allzu anspruchsvolles Thema handeln.

So fand ich mich in einer faszinierenden Situation wieder. Ich war verpflichtet, mehrere Stunden lang zu Studenten zu sprechen, die keinerlei Interesse an dem hatten, was ich ihnen zu erzählen hatte – ausgerechnet über ein Lernen, das auf dem Interesse der Schüler gründet. Ich war mir nicht einmal sicher, ob ich jenen, denen das Thema egal war, überhaupt etwas zu sagen hatte. Sollte ich versuchen, ihr Interesse zu wecken, indem ich mich unterhaltsam gab? Sollte ich meine Argumente vorbringen und einfach unterrichten, im Bewusstsein, dass ich mich im Vorlesungssaal an einer Universität befand, an der ohnehin keiner je nach seinen Interessen gefragt worden war? Sollte ich der Situa-

tion entgegentreten, indem ich selber den Raum verließ oder von ihnen eine aktive Teilnahme verlangte?

Wie jeder Augenblick war auch jener Augenblick, als ich den Vortrag begann, reich an Inhalt und Merkwürdigkeit. Diese Gruppe hatte ihre eigene komplexe Dynamik. Da gab es eine hierarchische Struktur, ein lange einstudiertes Desinteresse und geheuchelte Neugier. Die Gruppe bestand aus Studenten, die das Produkt jahrelanger Konditionierung waren, alles darauf angelegt, die Zeit der Ausbildung zu überstehen. Unsere Gruppe wurde zum Thema, dem ich mich zuwandte.

Trotz der Rollen, die wir angenommen hatten – ich als Autorität und die Studenten mit ihren Charakteren, die sie sich selber zugelegt hatten: die Klassenclowns, die forschen Streber, die mürrischen Verweigerer, die abwesenden Träumer – wir alle wandten uns nun dem Wesen des Lernens zu. Ich begann an jenem Tag: «Es werden in dieser Hinsicht ungewöhnliche Stunden werden: Die Prüfung machen wir zuerst. Hier ist sie. Ist es euch in diesem Augenblick möglich, in euch reinzuschauen? Was ist mein Antrieb? Was sind meine Ängste? Kannst du erkennen, was dich interessiert? Kannst du erkennen, was deine Leidenschaft ist? Die Prüfungsfrage lautet: Wer bist du? Womit wir bereits am Ende der Prüfung wären. Ihr braucht euch keine Notizen zu machen, und es wird keine weitere Prüfung geben. Interessiert euch das?»

Viele der Studenten stellten fest, dass sie, fast schon unfreiwillig, Interesse am Thema entwickelten, das ich zur Diskussion gestellt hatte. Als wir uns gemeinsam daran machten, die verzwickte Lage zu erforschen, in der wir uns an diesem Tag wiederfanden, wurden meine Fragen zu ihren Fragen. Wir erkundeten das Wesen der Neugierde und ihre Beziehung zum Lernen; wie unnütz es ist, Interesse erregen zu wollen, indem man interessant daherkommt; das Dilemma, jene zu unterrichten, die nicht interessiert sind; den Wert der Langeweile als Brutstätte der Kreati-

vität. Wir fragten uns, wie es dazu kommen kann, dass sich neugierige Kinder beim Heranwachsen in gleichgültige Lernende verwandeln. Es waren nicht die Theorien über das Lernen, an denen die Studenten interessiert waren, oder überhaupt irgendwelche Theorien. Wie jeder Mensch waren sie an dem interessiert, was gerade in ihrem Leben stattfand, selbst wenn die Untersuchung in einem Vorlesungssaal geschah. Unmittelbare Begegnung, Aufrichtigkeit, Forschergeist und Beziehung halfen uns, uns zu finden und einander zu berühren – zumindest für einige Augenblicke – und das nach wie vor lebendige Herz des Lernens neu zu entdecken.

Lernprozess und Verhalten

> *Durch die Schule werden Kinder gewaltsam einer*
> *Welt entrissen, die beseelt ist von den Mysterien*
> *Gottes und erfüllt ist von den Versprechungen einer*
> *heranwachsenden Persönlichkeit. Die Schule bricht*
> *das runter zu einer Methode der Disziplinierung des*
> *Individuums. Es handelt sich um eine Fabrik, die*
> *dazu da ist, einheitliche Produkte hervorzubringen.*
> *Rabindranath Tagore*

Das Verlangen, das es in sich wahrnimmt, ist für ein Kind die stärkste Motivation, um etwas zu lernen. Kann ein Lernprozess überhaupt stattfinden, wo nicht das Innere des Kindes berührt wird? Wir wissen, dass wir ein Kind durch positiven und negativen Druck dazu bringen können, sich auf eine bestimmte Weise zu verhalten. Aber lässt sich ein Kind dazu zwingen zu lernen, oder bloß dazu, sich zu benehmen? Wenn man eine Ratte in einen Irrgarten steckt und sie jedes Mal mit Nahrung belohnt, wenn sie den Ausgang findet, ist die Ratte dann dabei, etwas zu lernen? Oder übt sie bloß ein bestimmtes Verhalten ein? Gibt es einen klaren Unterschied zwischen dem Vorgang des Benehmens und dem des Lernens?

In der Forschung werden diese beiden Vorgänge selten unterschieden. Schließlich haben die Institutionen der Bildungsbürokratie derart starke historische Bindungen mit der Verhaltensforschung, dass es nicht verwundert, wenn die Unterschiede zwischen erzwungenem Verhalten und freiwilligem Lernen, zwischen Ratte und Kind verwischt werden.

Angewandte Konditionierung und die Verheißungen effizienter Lernmodelle, durch welche Schüler, ob sie nun interessiert waren oder nicht, durch Belohnung oder Bestrafung erzogen wurden, machten einen gut Teil der schönen neuen Welt aus, in welche die Generation der Nachkriegskinder eintrat. Die Absurdität dieser kalten und mechanistischen Sichtweise des menschlichen Wesens erreichte ihren Kulminationspunkt in der allgemein hoch gehaltenen Behauptung, Kinder könnten in anonymen Behältern großgezogen werden, wenn diese Schachteln auf die Bedürfnisse der Kinder eingingen und die Kinder zugleich lernten, ihre Bedürfnisse dieser Art von Leben anzupassen.

Diese Denkweise hat die allgemeinen Ansichten über Erziehung und Bildung geprägt. Wenn ein Mensch in die Einzelteile seines Verhaltens zerlegt werden kann und sich sein Verhalten zu neuen, sinnvollen Mustern zusammensetzen lässt, dann gibt es zwischen Lernen und Verhalten keinen Unterschied. Für Erziehungswissenschaftler ist dies ein perfekter Plan. So gesehen hat Bildung den Zweck, aus dem Rohmaterial Kind produktive Bürger zu formen.

Tatsächlich mag es aber keiner, von anderen manipuliert zu werden. Ratten mögen es nicht, und Kinder auch nicht. Ratten haben nicht herausgefunden, was sie in der Zwickmühle, in die man sie steckt, anderes tun könnten, außer dass sie entwischen und sich wild vermehren, sobald sich ihnen dazu die Gelegenheit bietet. Und da Kinder nun mal außergewöhnlich begabte Schüler mit überbordender Kreativität und wachem Geist sind, haben sie alle möglichen Verhaltensweisen entdeckt, um sich der Konditionierung zu entziehen: sie rebellieren, passen nicht auf, leisten nicht genug, leisten zu viel, sie steigen aus, entziehen sich, und so weiter. Irgendwann sind die Schulen dazu übergegangen, die verschiedenen Reaktionsweisen zu bestimmen und für jede ein eigenes Programm, eine Therapie, eine Bestrafung oder eine Belohnung zu entwickeln, wodurch das öffentliche Bildungssystem zu einem unüberschaubaren Chaos einander zuwiderlaufender Absichten wurde. Mittlerweile ist nicht länger ersichtlich, wer hier wen konditioniert. Wir können lediglich feststellen, dass hier etwas grundsätzlich falsch läuft. Und es kommt noch dicker: Unser Bildungssystem scheint sich je länger, je mehr selber aus dem Verkehr zu ziehen.

Selbstverständlich ist das alles sehr verwirrend. Und Verwirrung ist womöglich noch einer der gesünderen Zustände, die wir damit erleben. Durch sie sind wir weniger anfällig dafür, das einfach hinzunehmen, was wir aus unseren Schulen gemacht haben. Doch die Verwirrung macht uns auch ein wenig Angst.

Wir fürchten, dass Schulen, die nicht disziplinieren, und Kinder, die nicht diszipliniert werden, auf eine Anarchie hinauslaufen. Wenn Kinder nur noch ihren eigenen Neigungen nachgehen, was gibt es dann noch, das in unserer Welt für Ordnung sorgt? Stellen wir uns vor, solch undisziplinierte Kinder zu sein. Wie wollen wir da noch unsere Impulse im Zaum halten? Wenn ich deinen Pullover mag, weshalb soll ich ihn mir dann nicht einfach nehmen? Wenn ich größer bin als du, soll ich dich dann nicht einfach aus dem Weg drängen? Wir befürchten, dass die Gesellschaft so funktionieren würde wie die in William Goldings Roman *Herr der Fliegen* dargestellte.

Wir brauchen nicht zu befürchten, dass dies geschehen wird, denn es ist bereits geschehen. Wir haben die Welt, vor der wir uns fürchten. So sieht die Welt aus, es ist die Welt der Erwachsenen. Unsere Angst ist Wirklichkeit geworden, und wir müssen uns dieser Wirklichkeit stellen, da wir in ihr Kinder großzuziehen haben.

Wie ziehen wir in der Welt, in der wir leben, Kinder groß? Wird es Chaos hervorrufen, wenn wir die Kinder dazu ermutigen, dem eigenen Lernprozess zu folgen? Ziemlich sicher geschieht das, falls wir den Kindern bloß die Macht überlassen, aber keine Verantwortung und keine Beziehung geben. Schüler zu ermächtigen, über ihre Bildung selbst zu bestimmen, schließt Verantwortung ein für die Gemeinschaft der Lernenden und für alles, was mit der Schule zusammenhängt.

Wir sind Gemeinschaftswesen. Die Beziehungen, die wir zueinander haben, sind unsere Richtschnur. Jede Gruppe bildet innerhalb des gemeinsamen Rahmens bestimmte Strukturen heraus. Das soziale Gewebe wird bunter, wenn sich alle daran beteiligen, aber zumindest muss jedes Mitglied das Recht haben, sich daran zu beteiligen.

Beziehungen sind ganz einfach interessanter als die Beschäftigung nur mit mir selbst. Kinder lernen das früh. Wie gehe ich zu dir eine Beziehung ein und wie gestalte ich diese? Nicht, indem ich dir dein Spielzeug wegnehme. Denn dann wirst du weglaufen oder mit mir streiten. So oder so wirst du keine angenehme Beziehung zu mir aufbauen wollen.

Beziehung ist das, was Kinder antreibt, und vieles von dem, was sie tun, dreht sich um die Erforschung der Grundlagen von Beziehung. Das Bedürfnis nach Beziehung kann stärker sein als das Verlangen nach Macht. In dieser Hinsicht ist die Befürchtung, es werde Anarchie ausbrechen, nicht zutreffend, es sei denn, wir üben Macht über die Kinder aus, um deren Beziehungen untereinander zu brechen. Das Maß an Anarchie, das wir in einer kleinen Schule mit Selbstbestimmungsrecht zu gewärtigen haben, ist die wahre Freiheit der Libertären, die so weit als grenzenlos gilt, als sie nicht gegen die Rechte eines anderen verstößt.

Wie wird ein Lernumfeld beschaffen sein, das auf selbstgesteuerten Beziehungen beruht? Werden sich Muster aus der chaotischen Bewegung von Energien spontan bilden? Wird das Lernumfeld sich politisch organisieren, indem sich jene, die ähnliche Interessen verfolgen, zusammentun, um ihre Bedürfnisse mit mehr Nachdruck anzumelden? Solch eine politische Struktur wäre integraler Bestandteil der Erziehung, da die Schüler auf unmittelbare Weise an deren Entstehung beteiligt sind.

Warum ist es dann so, dass praktisch sämtliche Schulen, mit Ausnahme einiger weniger demokratisch geführter Institutionen, ein totalitäres politisches System aufweisen? Die Macht wird von oben nach unten ausgeübt, mit einem Einzelnen an der Spitze, der das Sagen hat, und allenfalls einer Art von eingebetteter geheuchelter demokratischer Struktur.

Der Studentenausschuss beschließt das Thema für den Abschlussball, aber gewiss nichts von größerer Bedeutung.

Wieso erwarten wir von einem Menschen, der durch dieses System gegangen ist, dass er sich in eine demokratische Gesellschaft einfügt, wo ihm während seiner Erziehung doch als einzige Tatsache vorgeführt wurde, dass die Mächtigen allein das Sagen haben? Werden junge Leute nicht danach streben, Macht zu erlangen, sobald sich ihnen dazu eine Gelegenheit bietet? Erschaffen wir so nicht Generation um Generation von Individuen, die danach streben, sich gegenseitig in ihrer Macht zu übertrumpfen?

Es geht auch anders. Wenn wir in einem Lernumfeld keine künstlichen Machtstrukturen herstellen, liegt der Schlüssel zu wahrer Macht dann nicht in Beziehungen? Ich muss ausreichend beziehungsfähig sein, um zu förderlichen Übereinkünften zu kommen. Die Macht in einer wahren Demokratie liegt in innigen Beziehungen und in der Fähigkeit, sich mitzuteilen, zuzuhören und kreative Lösungen hervorzubringen. Wenn Kindern erlaubt wird, auf diese Weise miteinander umzugehen, sind sie vollkommen imstande, demokratisch zu funktionieren.

Wenn wir einem solchen Lernumfeld nun ein paar erwachsene Angestellte beifügen, haben wir ein Problem. Mit den Erwachsenen tritt eine andere Machtstruktur auf. Erwachsene sind größer. Sie wissen mehr. Sie werden dafür bezahlt, dass sie in der Schule erscheinen, und ihre Arbeit ist ihnen wichtig. Die Kinder wirbeln in undefinierten Formen von Beziehung durcheinander, und mir als Angestelltem ist nicht klar, ob ich meine Stelle auf sicher habe oder nicht. Also werde ich, der mächtige Erwachsene, eine politische Ordnung einbringen, in der ich der Verwalter oder Lehrer bin, in der ich jedoch vor allem die Kontrolle habe. Wir stehen vor einer Herausforderung, wenn ein Erwachsener mit der Macht, mit der die Nicht-Kinder in dieser Welt nun einmal ausgestattet sind, das Lernumfeld betritt. Wie lässt sich diese Situation ausgleichen? In einem weitgehend geordneten Lernumfeld, in dem die Erwachsenen das Sagen haben, weiß man wenigstens, dass sie das Sagen haben.

In einem experimentellen Umfeld kann sich jedoch ein subtiles Machtspiel entfalten, in dem es scheinbar um Gleichheit geht, außer wenn es wirklich darauf ankommt. Doch wenn wir alle gleichwertig sind, sind wir es vor allem dann, wenn es darauf ankommt. Das Wort gleichwertig besagt ja nicht, dass wir alle gleich sind; es bezieht sich eher auf eine Gleichheit in Bezug auf die Machtverteilung. Ein vierzigjähriger Erwachsener ist nicht gleich wie ein zehnjähriges Kind. Der Erwachsene verfügt über sehr viel mehr Informationen, er hat weit mehr Erfahrungen gesammelt und vermutlich auch eine Portion Weisheit erworben. Doch wenn es in einer demokratischen Institution um Macht geht, zählt ein Kind von zehn Jahren genau so viel wie ein vierzigjähriger Erwachsener.

Da in Beziehungen nicht nur Macht geteilt wird, sondern auch Verantwortung, lernt jede Person, ob jung oder alt, nicht nur in diesem Umfeld, sondern zugleich von diesem Umfeld. Mehr noch, jeder Beteiligte bringt in jede Situation wertvollen Input. Nun ist das Kind in seiner Gesamtheit eingebunden in das schulische Umfeld, von der Recherche über die historischen Fakten der Französischen Revolution bis zur Beteiligung am Erstellen von Budgetplänen für die Schule.

Keinem wird in solchen Verhältnissen mehr Macht eingeräumt als jedem anderen, und die Gemeinschaft der Kinder und Erwachsenen kann demokratisch darüber entscheiden, welche Regeln sie sich gibt. Ebenso entscheidet die Gruppe, wer von der Schule angestellt wird. Anstatt bloß das Thema für den Abschlussball festzusetzen, hast du, das Kind, nun das Recht, darüber zu befinden, ob ich, als Mitarbeiter der Schule, in meiner Funktion als Mentor tatsächlich eine Verbindung zu dir aufbaue. Und selbstverständlich bleibt es dir, Kind, unbenommen, auch das Thema des Abschlussballs zu bestimmen.

Als Schüler bist du vielleicht nicht sonderlich an der Führung der Schule interessiert. Du bist vielleicht acht Jahre alt, machst dir wegen der Verwaltung keine Sorgen und nimmst an den Sitzungen nicht teil. Deine Interessen nehmen dich zu sehr in Anspruch, als dass du dich mit etwas befassen möchtest, was dich nicht interessiert. Aber vielleicht bist du ein Achtjähriger, der sich um das schulische Umfeld entschieden Gedanken macht. Dann hast du das Recht, vorzutreten und zu sagen: «Dieser Mitarbeiter erscheint zwar jeden Tag an der Schule, aber er tut nie etwas. Stellen wir ihn nächstes Jahr nicht mehr ein.»

Wie werden sich Erwachsene in einer solchen Umgebung verhalten? Führen die anderen Verhältnisse dazu, dass sich Mitarbeiter stärker einlassen, dass sie motivierter, verantwortlicher, schöpferischer und menschlicher sind? Stellen wir uns eine Gesellschaft vor ohne festgeschriebene Machtstruktur. Wäre das eine kreativere Gesellschaft? Würden Menschen in einer solchen Gesellschaft mehr Energie verspüren, um ihre Begabungen auszuleben? Ist dies nicht gerade die Welt, die wir uns für die Kinder wünschen?

Jenseits der Angst

*Bevor ich eine Mauer errichte, will ich wissen,
was ich damit eingrenze oder aussperre.*
Robert Frost

Werden wir denn nie das Risiko auf uns nehmen, eine Lerngemeinschaft von Gleichberechtigten auf die Beine zu stellen, weil uns diese Vorstellung dermassen erschreckt? Das würde heißen, dass jedes Mitglied dieser Gemeinschaft das Recht und die Verantwortung hat, Beziehungen zu allen anderen Mitgliedern einzugehen. Es kann ja recht bequem sein, in einer vorgegebenen Machtstruktur zu leben. Unabhängig davon, auf welcher Stufe der Struktur ich mich gerade befinde, weiß ich stets, dass sich jemand über mir und jemand unter mir befindet. Ich weiß, wo ich stehe, und ich brauche mich nicht mit den Unsicherheiten von tiefer gehenden Beziehungen auseinander zu setzen. Ich brauche mich nicht der Verbindung zu stellen, auch nicht der Reibung und der Tiefe, die damit einhergeht.

Jenseits dieser Angst vor der Unsicherheit wartet auf uns eine Kernfrage: Gibt es Mittel und Wege, um unsere Welt, unsere Verhältnisse und insbesondere unser Bildungssystem so zu gestalten, dass diese dynamisch sind und sich fortwährend den Erfordernissen anpassen? Auf diese Frage gibt es keine Antwort. Es gibt keine vordefinierte Beschreibung, wie sich so etwas bewerkstelligen ließe. Jedes System, das wir gestalten, muss imstande sein, sich ständig von Grund auf selber zu erneuern.

Gerade das ist der Grund, warum die bestehenden Bildungssysteme versagen. Sie basieren auf nichts als Informationen und auf einem von Konzepten geprägten Denken, welches auf diesen Informationen aufbaut. Denken ist ein nützliches Werkzeug, aber es zerlegt das Ganze immer in Stücke, und es ist nicht imstande, die Einzelteile anschließend zu einem sinnfälligen Ganzen zusammenzufügen. Ein Lernvorgang, der auf schierer Informationsaufnahme und der Anwendung einzelner Informationen beruht, versagt allein schon deshalb, weil das Leben aus sehr viel mehr als bloß dem besteht. Eine aus unzähligen einzelnen Happen zusammengesetzte Schulbildung schlägt fehl, da sie nicht imstande ist, die Integration der vielen Einzelteile zu vermitteln. Eine Erziehung, die sich auf die Vermittlung von Informationen und Konzepten beschränkt, vermag weder das Kind in seiner Ganzheit zu bilden, noch das in ihm zu fördern, was ein nützliches Leben, ein ganzheitliches Leben, ein glückliches Leben ausmacht.

Kinder sind keine Computer. Wir Menschen verfügen über die Fähigkeit des Bewusstseins. Uns ist die außergewöhnliche Fähigkeit eigen, das Gesamte zu erkennen und sowohl in wie aus diesem Ganzen zu leben. Aus dem Verständnis für ein Leben in Beziehung ergibt sich ein steter Strom von Glück, Kreativität und Liebe. Das ist Herz und Seele des Lernens.

Dem Bewusstsein ist es möglich, ein zusammenhängendes Ganzes zu erkennen, von dem ich und du Teile sind. Das menschliche Potenzial erweist sich darin, in einem System zu leben, das auf Beziehungen beruht, die dynamisch sind, bewegt und ständigem Wandel unterworfen. Das könnte die Grundlage unserer sämtlichen Bildungsinstitutionen sein. Die unendliche Kreativität, wie sie sich im Spiel von Kindern zeigt, ist ein sinnfälliges Beispiel für das Potenzial an Selbstorganisation, Kommunikation und Freude in uns.

Stellen wir uns einfach dieselben Qualitäten vor, wie sie in komplexeren Formen des Lernens und des menschlichen Ausdrucks zur Anwendung kommen.

Integriertes, ganzheitliches Lernen bleibt denen unverständlich, die angetrieben sind von der Idee, möglichst viel an Information zu sammeln; schließlich sind sie das Produkt jener Lernsysteme, die sie selber propagieren. Der Erwerb von Information war einst der Hauptzweck von Bildung, aber das war, noch bevor die Menge an zu verarbeitenden Informationen durch die neuen Medien, das Internet und den Computer ins Unendliche angewachsen war. Was heute zählt, ist ganzheitliche Intelligenz: ein menschliches Bewusstsein, das Informationen nutzt, sich aber nicht von ihnen vereinnahmen lässt. Es bewegt sich durchs Informationszeitalter, ohne in ihm verloren zu gehen.

Die Dinosaurier, die sich dem Klimawandel nicht anpassten, wurden fossile Sehenswürdigkeiten in Museen. Das Klima in der Bildung hat sich verändert, es ändert sich weiterhin und wird sich auch in Zukunft verändern, denn wahre Bildung besteht aus Wandel. Der Wandel geschieht heute dermaßen rasant, dass die einzige Form von Lernen, welche ein Leben lang nützlich bleibt, jene ist, welche sich anpasst und den Schüler in seiner Wandlungsfähigkeit unterstützt.

Ganzheitliches Lernen kommt im gegenwärtigen Bildungssystem nicht vor, weil sich unser Bildungssystem an der Vergangenheit orientiert. Dem kann nicht abgeholfen werden, indem wir ein neues, zukunftgerichtetes Bildungssystem aufbauen, da auch die Zukunft sich wieder verändern wird. Um sich den Anforderungen tatsächlich anzupassen, darf sich ein Bildungssystem nicht von den anderen Gesellschaftsbereichen wie Familien und Arbeitswelt abheben, sondern es muss mit ihnen verwoben werden. Ein Schulsystem muss offen sein für spirituelle, intellektuelle, körperliche, emotionale und künstlerische Entwicklungen, die sich in der Gesellschaft abspielen. Wenn ein System des Lernens praktikabel sein soll und es ein beständiges Lernen zu vermitteln hat, so muss es frei sein von den eigenen Zwängen, den Beschränkungen der eigenen Vergangenheit. Um ganzheitlich zu sein, muss das System selber beständig dazulernen, sich anpassen und sich verändern.

Was diesem Anspruch nicht genügt, wird den Ansprüchen der Kinder, die ja eben beweglich, leidenschaftlich und rundum lebendig sind, nicht genügen. Kinder haben ein erstaunliches Gespür für die Beschränktheit von Dingen, die wir ihnen vorsetzen. Sie gehen geradewegs bis zur Grenze und fragen: «Was befindet sich auf der anderen Seite?» Wir erleben mit ihnen wunderbare Augenblicke, wenn wir dann zu ihnen sagen: «Das weiß ich auch nicht. Lass uns gemeinsam etwas darüber herausfinden.» Das ist die Wirklichkeit, um die es für uns alle geht, ob Jung oder Alt. Wir alle befinden uns auf einer Entdeckungsreise, wir erforschen das Wesen des Lebens selbst. Jedwede Antwort, welche dieser Erkundung vorzeitig ein Ende setzt, geht daneben. Jedes Bildungssystem, welches vorgibt, auf alles eine Antwort zu haben, zieht eine Grenze und mauert das eigene Wissen ein. Innerhalb dieser Begrenzung mag es enorm viel Wissen geben, doch selbst das wird einem ganzheitlichen Kind nicht genug sein.

Im weiten Feld der pädagogischen Ideologien gibt keiner zu, dass wir gar nicht wissen, wie Kinder lernen. Was, wenn eine Gruppe von Eltern und Lehrern diese Tatsache anerkennen würde, wenn diese Leute sich eingestünden, dass sie es nicht wissen, und dass dieses Unwissen ein ebenso dynamischer und energiegeladener Zustand ist wie der Zustand eines Kindes, das frisch auf die Welt kommt?

«Ich weiß es nicht» ist die treibende Kraft im kindlichen Lernprozess. Keine Entdeckung vermag «ich weiß es nicht» letztlich zu befriedigen. Alles, was das Kind lernt, nährt seine angeborene Neugier nur weiter. Je mehr ein Kind entdeckt, desto mehr weiß es nicht.

Wir brauchen keine neue Ideologie, um dieser Tatsache gerecht zu werden; vielmehr müssen wir die bestehenden Ideologien demontieren. Was übrig bleibt, wenn wir die uns von Bildungstheorien auferlegten Beschränkungen einmal abgelegt haben, ist eine Explosion von Kreativität. Diese Kreativität kann sich in unzähligen Formen ausdrücken, manch eine Ausdrucksform wird derart subtil sein, dass sie auf gesellschaftlicher Ebene nicht zu erkennen sein wird. Es gibt Menschen, die ein sehr bescheidenes Leben führen, und dieses unscheinbare Leben steckt voller Kreativität. Das kann die Kassiererin im Supermarkt oder ein Busfahrer sein. Es kann ein Mensch sein, der, wie Albert Einstein, ein kleiner Beamter ist und in seiner Freizeit herauszufinden versucht, wie das Universum funktioniert. Einstein, Edison und zahllose weitere kreative Genies waren gleichzeitig Schulversager. Diese bemerkenswert kreativen Geister wuchsen zu ihrer wahren Größe heran, indem sie aus einem Schulsystem ausbrachen, das versucht hatte, sie im Zaum zu halten.

Thomas Merton sagte einst: «Das Leben ist nicht ein Problem, das gelöst werden muss, sondern ein Mysterium, das gelebt werden will.» Können wir dem Mysterium des Lebens ins Angesicht blicken und dieses Geheimnis unseren Kindern weitergeben? Die Neugierde der Kinder wird sie zu dem Rätsel führen, das ihnen noch nicht bekannt ist. Ist es uns möglich, ein Umfeld zu gestalten, in dem wir jene Prägungen nicht weitergeben, die bereits uns in unserem Leben keinen guten Dienst erwiesen, die bereits an uns, an unseren Eltern und an deren Eltern versagten? Gelingt es uns, ein Lernumfeld zu erschaffen, in dem dieses Mysterium anerkannt und gewürdigt wird, indem wir es zu einem beständigen Begleiter machen?

Das glückliche Kind in einer zerrissenen Welt

> *Ein Mann, der nie zur Schule ging, mag aus einem Güterwagen stehlen; wenn er einen Universitätsabschluss hat, klaut er womöglich eine ganze Eisenbahngesellschaft.*
> *Theodore Roosevelt*

Können wir uns ein glückliches Kind vorstellen, wie es selbstbestimmt in einer Umwelt lernt, in der seine Ganzheit anerkannt und nicht bekämpft wird? Stellen wir uns vor, wie ein solches leidenschaftliches Kind erwachsen wird und in die Welt hinausgeht und wie es dem ganzen Chaos begegnet.

Was hat dieses Kind in seiner ganzheitlichen Bildung gelernt, das sich nun auf sein Leben als Erwachsener anwenden lässt? Dieser junge Mensch hat Fähigkeiten erworben, um in Beziehung zu treten, um zu kommunizieren und sich schöpferisch auszudrücken. Er hat gelernt, sein Lernen und sein Leben selber zu bestimmen. In diese Fähigkeiten hat er großes Vertrauen, da das Vertrauen in ihm nicht zerstört wurde. Dieser junge Erwachsene hat nie die Erfahrung gemacht, von anderen systematisch niedergerungen worden zu sein, die Entfaltung seines Geistes wurde gefördert, seinem Verlangen, die Welt zu erforschen, wurde freier Lauf gelassen. Das Wichtigste dabei war, dass diesem jungen Erwachsenen nie beigebracht wurde, was die meisten Schüler an jedem der trostlosen Tage ihres Lebens lernen müssen: dass es Macht ist, die in den Beziehungen der Menschen zählt, und nicht die Beziehung selbst. Da dieses Kind, welches zum Erwachsenen geworden ist, nie in den Kult der Macht eingewiesen wurde, bestehen gute Aussichten, dass es glücklich ist, dass sein Herz singt, dass es am Morgen mit einem Lächeln erwacht, weil doch ein neuer Tag voller Entdeckungen, voller Kreativität und Beziehung vor ihm liegt.

Eine Mutter, die sich mit der Frage beschäftigte, ob sie ihr Kind in einem solchen Lernumfeld aufwachsen lassen sollte, sagte zu mir: «Ich bin sicher, dass mein Kind hier sehr glücklich wäre; ich weiß, dass er es wäre. Aber was ist mit der Universität?» Es mutete ein wenig absurd an, dass diese Mutter in Betracht zog, ihrem Kind eine unglückliche Kindheit anzutun, nur um es darauf vorzubereiten, an einer Elite-Universität zu studieren. Tatsächlich ist dies jedoch für viele Eltern Grund genug, eine lange Leidenszeit ihres Kindes unter dem Joch der traditionellen Bildung in Kauf zu nehmen. Dieselbe Mutter bemerkte, dass ihr älterer Sohn soeben das Gymnasium abschloss und er sich an einer Universität seiner Wahl einschrieb, wobei er jedoch keinen blassen Schimmer hatte, welche Studienrichtung er denn nun einschlagen wollte. In den zwölf Jahren seiner schulischen Laufbahn war bis dahin noch nie von ihm verlangt worden, seine eigenen Interessen kundzutun.

Ein selbstbestimmt Lernender weiß sehr wohl, was ihn

interessiert. Doch wie betrachtet die Gesellschaft dieses unverdorbene Individuum, das einem ganzheitlichen Lernumfeld entstammt? Kinder, die öffentliche oder private Bildungsinstitutionen durchlaufen haben, in denen ihre Eigeninitiative unerwünscht war, sehen sich alle irgendwie ähnlich. Ein Kind, das einem ungewöhnlichen Lernfeld entstammt, ist aller Voraussicht nach ein ungewöhnlicher Mensch. Welcher von beiden Menschen, der gewöhnliche oder der seltene und ungewöhnliche, hat im Arbeitsmarkt die besseren Chancen? Der Wert des Einmaligen liegt weit höher.

In einer ganzheitlichen Schule lernen Kinder, sich über ihre Interessen klar zu werden, sich Ressourcen zu diesen Interessen zu verschaffen, sie lernen, anderen gegenüber ihre Interessen auszudrücken, und sie lernen, mit anderen zusammen Regeln aufzustellen, mit denen sie ihr Lernfeld strukturieren. Schließlich setzen sie sich mit dem eigenen Verstand auseinander – mit ihrer Langeweile und ihren Neigungen. Das Kind lernt, sich mitzuteilen, weil da keiner ist, der das an seiner Stelle täte. Das alles geschieht nicht in einem festgesetzten Lernfeld, sondern in einem Feld, das sich ständig aus sich selbst heraus neu gestaltet.

Wie kommen solche Fähigkeiten in der Welt insgesamt zum Zug? Erwachsene mit diesen Fähigkeiten werden zu Vordenkern und Anführern, zu Unternehmern, Künstlern und kulturell Kreativen. Ein junger Mensch, der mit diesen Fähigkeiten ausgestattet ist, hat das Zeug, um erfolgreich zu sein, und – was mehr zählt – diese Fähigkeiten erlauben es einem Menschen, das Maß seines Erfolgs nicht durch die Gesellschaft definieren zu lassen, sondern vom beseelten Geist des Einzelnen. Dieses Potenzial steckt in einem glücklichen Kind.

Eltern sind oft besorgt darüber, dass ein ungewöhnlich gebildetes Kind an höheren Lehranstalten keine Aufnahme findet und es daher wirtschaftlich nicht bestehen kann. Doch die höheren Lehranstalten sind auf ungewöhnliche Studenten geradezu versessen. Deren Aufnahmekommissionen sind des endlosen Stroms an gleichförmigen Bewerbern müde und überdrüssig. Demokratische Schulen, die seit längerem bestehen, weisen bei jenen Schulabgängern, die sich schulisch weiter ausbilden wollen, eine außerordentlich hohe Aufnahmequote bei Universitäten auf.

Die Angst der Eltern beruht im Grunde auf wirtschaftlichen Bedenken. Es ist die Angst, ihr Kind sei nicht überlebensfähig, eine Angst, die irgendwie zur neurotischen Ausstattung von Eltern gegenüber ihren Kindern gehört. Schließlich ist es die Aufgabe von Eltern, sich Sorgen zu machen. Diese Angst aber basiert auf dem Mythos, ein Mensch könne nur überleben, wenn er das Spiel der institutionellen Bildung mitspiele.

Es ist nicht schwer, Kindern einen geschützten Raum zu bieten, in dem sie zusammenkommen und lernen können, und diesen Raum mit Lehrmaterial, Hilfsmitteln und Menschen auszustatten, Mitteln, die Kinder begleiten, ihnen helfen und Wissen vermitteln. Es ist nicht schwer, zu erkennen, dass Kinder geboren werden mit dem Instinkt, zu lernen und zu gestalten. Um zu lernen, sind Kinder auf unsere Hilfe nicht angewiesen. Sie wissen bereits, wie man lernt, und sie wissen, was sie interessiert. Dorthin wird ihre Aufmerksamkeit und Energie gelenkt, und auf magische Weise geschieht Lernen. Ihr Interesse führt sie zu einem Lernprozess, und letztlich wollen Kinder mehr erfahren über das, was sie glücklich macht.

Glückliche Kinder? Das könnte ein Problem sein. Aus

glücklichen Kindern könnten glückliche Erwachsene werden, und was würde dann aus unserer Welt? Sitzen Kinder, die sich selber überlassen werden, nicht den ganzen Tag vor dem Fernseher? Wer würde überhaupt noch irgendetwas lernen wollen? Müssen wir sie nicht zum Lernen zwingen, auf dass sie irgendwann zur Arbeit gehen werden, um ganze Tage vor dem Bildschirm eines Computers zu verbringen? Wir behaupten, Bedenken zu haben, selbstbestimmte Kinder würden nichts lernen, eines aber können wir sicher sein: Sie werden lernen selbstbestimmt zu sein. Vielleicht ist es ja das selbstbestimmte Kind, vor dem wir uns in Wirklichkeit fürchten.

Betrachten wir diese Frage von einem absolut unspirituellen, konservativen Standpunkt aus. Wenden wir uns dieser Frage aus einem rein materialistischen Blickwinkel zu. Wenn wir versuchen, Kinder den Erfordernissen des Arbeitsmarkts anzupassen, wie wird dieser Arbeitsmarkt in 15, 20 Jahren aussehen, also dann, wenn die Kinder aus der Schule kommen? Werden es Computer oder Menschen sein, welche Rechenaufgaben lösen? Mensch oder Maschine – wer wird die Fakten der Geschichte besser kennen? Wer beherrscht die Grammatik besser? Wem gäben Sie in Ihrem Unternehmen bei der Vergabe des Rechnungswesens den Vorzug: einem Menschen mit 35 000 Euro Jahresgehalt, plus Bonus, Ferien und Krankentage, oder einem Computer für 2000 Euro, zuzüglich Strom und gelegentlich einem Update?

Computer zur Verarbeitung von Daten und Informationen lassen sich von Unternehmen beliebig anschaffen; was schwer zu finden ist, sind Entscheidungsträger, kreative Problemlöser, Kommunikatoren und beziehungsfähige Manager. Das rührt ganz einfach daher, dass diese Fähigkeiten bei den Schülern nicht gefördert, sondern vielmehr Jahr für Jahr systematisch untergraben werden. Die Teppichetagen sind voll von Leuten, die nicht wissen, wie sie Entscheidungen treffen sollen, oder die sich vor dieser Aufgabe ganz einfach drücken. Sie hatten nie viel zu entscheiden, wurden sie doch durch ein Bildungssystem geschleust, in dem ihnen sämtliche Entscheidungen abgenommen wurden. Alles, was sie zu tun hatten, lag darin, Prüfungen zu bestehen.

Die japanische Regierung hat kürzlich begonnen, ihr Bildungssystem zu reformieren und die Anzahl der Lektionen zu reduzieren. Die Menge des zu vermittelnden Stoffes wurde auf einen Drittel reduziert, um vom reinen Pauken wegzukommen. Außerdem sind tägliche, kurze Intervalle mit ganzheitlichem Lernen eingeführt worden, in denen die Schüler dazu ermuntert werden, sich in kreativem Denken zu üben und ihren Interessen nachzugehen, was den Effekt haben soll, ihre Lust am Leben zu fördern. Warum verfällt ein Land, das in Kenntnissen von Mathematik und Wissenschaft weltweit an der Spitze steht, auf die Idee, an seinem anerkannten Bildungssystem herumzubasteln? Der Präsident von *IBM Asia Pacific Operations*, der übrigens nicht von der *Harvard Educational Review*, sondern vom *The Wall Street Journal* zitiert wurde, sagte: «Wir brauchen die Art von Menschen, die Neues erschaffen können, die sich neuen Herausforderungen stellen und selbständig Lösungen erarbeiten. Wir brauchen nicht länger Leute, die einfach nur gute Schulabschlüsse vorweisen.» Japan hat genügend Arbeiter; es herrscht jedoch ein akuter Mangel an kreativen Köpfen, an findigen Unternehmern, schlicht und einfach an Menschen, wie sie in der postindustriellen Wirtschaft nun eben gebraucht werden.

Es ist nicht die Wirtschaft allein, die eher kreative Problemlöser braucht als Menschen, die dazu erzogen wurden, zu gehorchen, zu wiederholen, nicht zu denken und still zu sitzen, sich aufzuführen wie die Zahnrädchen des vergangenen Industriezeitalters. Ganz offensichtlich kann auch das Leben des Einzelnen von kreativem, selbstbewusstem und beziehungsorientiertem Lernen profitieren, und ein kreativer Mensch ist ein Gewinn für die Gesellschaft als Ganzes.

Vielleicht werden wir nach einer langen, dornenvollen Zeit der Obsession mit der Wirtschaft endlich begreifen, dass nicht wir zum Nutzen der Wirtschaft da sind, sondern die Wirtschaft für uns da ist, und zwar für uns alle. Weit wichtiger als das ist aber das Bedürfnis nach einer grundsätzlichen Antwort auf die Probleme unserer Welt, die von Gewalt, kultureller Zerrissenheit und Umweltzerstörung beherrscht wird und in der dem Versagen der Schulbildung keine Beachtung geschenkt wird. Der radikale Wandel, auf den es hier ankommt, vollzieht sich bereits in jedem einzelnen Kind. Können wir zulassen, dass jedes Kind rundum glücklich sein kann? Gelingt es uns, den Herausforderungen der Welt aus der Fülle des menschlichen Potenzials heraus zu begegnen?

Das Versagen der Bildung

> *Bildung ist etwas Bewundernswertes, doch ist es gut,*
> *sich gelegentlich daran zu erinnern, dass nichts*
> *Wissenswertes je gelehrt werden kann.*
> Oscar Wilde

Bildung hat einen grundlegenden Fehler. Ihr Fehler besteht darin, dass es sie überhaupt gibt.

Weit davon entfernt, irgendetwas vermitteln zu können, liegt es umgekehrt an der Bildung, etwas zu lernen: dass sie überflüssig ist und sie uns schlicht aus dem Weg gehen sollte.

So, wie Bildung in unserer Gesellschaft zur Anwendung kommt, bedeutet sie für das Kind die Zerstörung. Geboren mit Neugierde und getrieben vom Bedürfnis, zu lernen, werden Kinder in gefängnisartige Institutionen verfrachtet, wo sie unter Drohung dazu gebracht werden, gegen ihre Natur auf harten Stühlen still zu sitzen und die aufgeblähten Einzelheiten eines zergliederten Wissens auswendig zu lernen. Durch Bestrafung und Belohnung werden sie dazu gebracht, sich Prüfungen zu unterziehen, sich willkürlichen Regeln gemäß zu benehmen und nicht miteinander zu sprechen. Die Lehrer selber sind genauso Opfer, sie sind gezwungen, eine bestimmte Rolle zu spielen, sich auf bestimmte Art und Weise zu benehmen und den Schülern vorgefertigte Informationen zu präsentieren, an denen sie selber nicht wirklich interessiert sind. Wahrlich eine bizarre Situation! Was vorliegt, ist nicht nur ein Versagen, wenn es darum geht, kreative Individuen hervorzubringen, sondern auch ein Versinken in einem Abgrund von Gewalt.

Die Schulen von heute haben wenig mit Bildung, aber viel mit Kontrolle, Belehrung und der Vernichtung von menschlichem Geist zu tun. Egal, ob wir von den heruntergekommenen Schulen innerhalb des öffentlichen Systems sprechen oder von elitären Privatschulen: Wenn sie den Lernprozess seiner Freiheit berauben, tragen diese Institutionen dazu bei, die naturgegebene Neugier von Kindern zu zerstören und durch mechanisches Verhalten und eine Öde des Geistes zu ersetzen.

Demokratisches Lernen

Individuum und Gemeinschaft

> *Es tut gut, sich daran zu erinnern, dass das gesamte*
> *Universum, abgesehen von einer unbedeutenden*
> *Ausnahme, aus lauter anderen besteht.*
> *John Andrew Holmes*

Eine Gemeinschaft von Lernenden, in der die Teilnehmer selber bestimmen, unter was für Bedingungen sie lernen wollen, öffnet den Raum, um etwas Wesentliches zu erkennen. Wer frei lernt und das Wesen der Verbundenheit einer schulischen Gemeinschaft begreift, in der er sich völlig frei entscheidet, versteht rasch den Nutzen seiner Beteiligung an Entscheidungen, und er lernt die Konsequenzen kennen, die ein Verstoß gegen gemeinsam aufgestellte Regeln nach sich zieht.

An einem solchen Ort des Lernens fließen Informationen und Ideen ungehindert. Den Beweis dafür, dass es funktioniert, liefern uns jene Schulen, an denen bereits Elemente der Selbstverwaltung praktiziert werden: Die Beteiligten erzeugen einen unablässigen Strom von Projekten, Unterrichtsfächern, Unternehmungen, Beziehungen, Debatten und individuellen Forschungsprojekten. Schulen wie die Sudbury Valley School, Summerhill und Albany Free School – um nur einige zu nennen – sind weithin sichtbare und bemerkenswert erfolgreiche Beispiele demokratischer Lerngemeinschaften. Indem sie ein Milieu des kreativen Ausdrucks ermöglichen, haben sich diese Schulen eine scheinbar nie versiegende Ressource an Innovation und Kreativität erschlossen – die Schüler selbst.

Von Schulen und Bildungsinstitutionen wird enorm viel Zeit, Geld und Energie darauf verwendet, die Schüler unter Kontrolle zu halten, welche ihre Energie wiederum darauf verwenden, sich sowohl passiv wie auch aggressiv gegen diese Kontrolle aufzulehnen. In demokratischen Lerngemeinschaften braucht sich das Individuum höchstens mit Belangen auseinander zu setzen, die von allgemeinem Interesse sind, und es ist nicht nötig, irgendetwas zu beschränken oder unter Kontrolle zu halten. Hier besteht die Möglichkeit, dass sich Intelligenz aus dem harmonischen Zusammenspiel der Geister ergibt. In diesem Rahmen können Schüler die grundlegende Wirklichkeit der wechselweisen Verbundenheit erfahren, ohne darüber den eigenen, individuellen Ausdruck beschränken zu müssen.

Kinder brauchen durch die Erziehung nicht auf funktionale Bestandteile der Gesellschaft reduziert zu werden, allerdings wollen wir in ihnen auch nicht den anarchischen Ausdruck selbstsüchtiger Interessen fördern. Vielmehr wollen wir die vielschichtige, vernetzte Wirklichkeit von Individuum und Gemeinschaft begreifen. Hierin liegt das menschliche Potenzial. Wir erfahren es nicht aus einem Seminar oder Selbsthilfebuch, sondern durch den erblühenden Ausdruck der Kinder selbst. Dies ist holistisches Lernen: Ein Kind kann für sich selbst lernen, sich mit anderen auszutauschen, Fehler zu machen, diese zu korrigieren, in Beziehung zu treten und zu lieben.

Der Zwang zur Bildung

> *Wie hasste ich doch die Schule! Sie schränkte meine*
> *Freiheit ein, und ich verweigerte mich der*
> *Disziplinierung durch ein ausgeklügeltes System*
> *mentalen Abschweifens während des Unterrichts.*
> *Sigrid Undset (Nobelpreisträgerin für Literatur)*

Wenn wir uns mit der Idee befassen, dass Lernende ihre Erziehung selber in die Hand nehmen, kommen wir nicht um die Frage herum, wie eine Lerngemeinschaft mit Macht umgeht, wie in ihr Entscheidungen getroffen werden, und wie sie ihre Ressourcen verwaltet. Wir sind uns gewohnt, dass sämtliche Macht automatisch in den Händen von Erwachsenen ruht, mit der Begründung, Kinder seien nicht reif genug, um Entscheidungen verantwortungsvoll zu treffen. Diese Auffassung wird von den Kindern als unterschwellige Botschaft verstanden, und meist erfüllen sie die unausgesprochene Erwartung, indem sie tatsächlich verantwortungslos sind. Diesen Zirkelschluss gibt es, seit der Einführung des staatlich kontrollierten Bildungswesens. Ironischerweise ist es gerade dieses Bildungswesen, welches Kinder gewaltsam von den Feldern und aus den Fabriken holte, wo sie, oft unter entsetzlichen Bedingungen, aber mit voller Verantwortung, eine Arbeit verrichtet hatten. Es scheint, als seien Kinder fähig zu Freiheit und Verantwortung, doch wurden sie weit über die notwendige Dauer hinaus zur Abhängigkeit verdammt. Die Kindheit wurde in unserer Gesellschaft auf Jahrzehnte ausgedehnt, wenn wir die Phase der endlosen Pubertät mit einbeziehen.

In den USA ereignete sich der erste Angriff auf die Freiheit des Lernens unserer Kinder im Jahre 1852, als in Massachusetts die erste öffentliche Schule errichtet wurde, welche obligatorisch zu besuchen war. Die Vorstellung, der Staat habe ein Recht, Kinder zum Schulbesuch zu zwingen, und das Schulobligatorium sei gut für ein Land, das es darauf angelegt hat, über eine gebildete Bevölkerung zu verfügen, mag auf den ersten Blick wie eine sinnvolle Maßnahme der Sozialpolitik erscheinen. Doch der Kern des Schulobligatoriums liegt in einer Stellung des Staates, welche ihn über die elterliche Gewalt erhebt, die Erziehung ihrer Kinder zu bestimmen, mithin den Staat über die Freiheit der Kinder stellt, ihr Leben zu bestimmen.

Die Amerikaner, die ihr Land ja aus der Verweigerung erschufen, ihre persönlichen Rechte denen des Staates unterzuordnen, und die sich noch immer standhaft staatlicher Kontrolle entziehen – sei es beim Waffenbesitz, sei es bei der Pornografie –, haben den Zugriff des Staates, ihre Kinder zu unterrichten, geschluckt. Der Zwang zu staatlicher Bildung hat, neben dem offenkundigen, massiven Eingriff in die Freiheit des Individuums, auch eine zweite, weniger sichtbare Nebenwirkung: Er zwingt die Bildungsinstitutionen dazu, Kinder, die nicht auf der Schule sein wollen, wie Häftlinge in Gewahrsam zu nehmen. Der Staat kann von den Eltern zwar verlangen, dass sie ihre Kinder in der Schule abliefern, aber jedes Kind weiß, dass absolut niemand, weder die Eltern noch die Schulleitung, weder Polizisten noch Politiker, die Preisgabe ihrer Seele und ihres Herzens, ihre Aufmerksamkeit und ihren Willen zur Teilnahme am Unterricht erzwingen können. Der überwiegende Teil der Schülerschaft besteht denn auch aus Lernverweigerern aus Gewissensgründen, aus Kindern, die sich dem Zwangsmodell zur Gedankenkontrolle verweigern. Und diese Schüler sind sich wohl bewusst, dass sie nie danach gefragt wurden, was sie aus eigenem Antrieb in ihrem Leben tun wollen, ob die Schule ihnen überhaupt etwas zu bieten hat oder ob ihre wichtigsten Pläne und Projekte durch den Schulzwang nicht eher behindert werden. Sie sind wütend, und was sie letztlich in der Schule lernen, ist, wie man das System untergräbt, wie man sich durchmogelt, wie man es durchhält oder rausfällt.

Ein Schüler, der auf der Schule nicht sein will, gehört dort auch nicht hin. Erstens hat jeder Mensch von Geburt an Rechte, welche ihm von unserer egalitären Gesellschaft zugestanden werden, und zweitens ist es sinnlos, uninteressierte Schüler im Namen der Bildung zu verwahren. Wo aber sollen sie dann hin? Fragen wir sie doch selbst, wo sie gerne hin möchten! Einige würden vielleicht gerne arbeiten oder eine Lehre machen, andere möchten selbständig lernen oder gar nichts tun, sich eine Auszeit nehmen, während der sie herausfinden, was sie denn wirklich wollen. Würden Schulen es ihren Schülern zugestehen, solche Wege zu erkunden und sie dabei auch noch unterstützen, würde die Abneigung gegen die Schule schwinden. Als Erwachsene sind wir zur Ansicht gelangt, ein Schüler, der nicht auf der Schule sein wolle, sei auch sonst ein nutzloser Tagträumer, ein Versager und potenzieller Krimineller. Natürlich ist es genau das, was aus wütenden, zum Besuch der Schule gezwungenen Kindern wird. Und obschon es vermutlich so ist, dass Kriminelle wenig Interesse am Besuch einer Schule haben, ist es doch nicht die Abneigung gegen die Schule, welche die Kriminalität hervorbringt. Die resultiert vielmehr aus einer verworrenen, destruktiven Umwelt und aus den kaputten Beziehungen, wie sie viele Jugendliche zu Hause und in ihrem Umfeld antreffen.

Auch ein Lehrer hat keine Lust, Kinder zu unterrichten, die nicht lernen wollen. Und ein Schüler mag nicht von einem Lehrer lernen, zu dem er keine Beziehung hat, oder Stoff zu lernen, der ihn nicht interessiert. Schulvorstände, Verwaltungen, Politiker und die Polizei tragen die Kosten und die Lasten, die daraus entstehen, verdrossene, widerspenstige, trotzige oder offen gewalttätige Schüler irgendwie im Griff behalten zu wollen. Eine Eskalation der Gewalt, wie sie einst euphemisch als Problem von Großstädten betrachtet wurde, muss heute als Risiko einer jeden Schule betrachtet werden. Sind die bekannten Fälle von Massakern an Schulen nur das Werk einiger weniger Verrückter, ein Aufschrei psychotischer Verirrung, oder handelt es sich womöglich zum Teil um Symptome eines Systems, das nicht länger funktioniert und nicht funktionieren kann? Zusätzliche Überwachungskameras und Wachen, verstärkte Polizeipatrouillen, mehr Schüler, die bereit sind, andere zu bespitzeln, werden die Gewalt nicht aufhalten können. Der Nährboden für Gewalt wird dort bereitet, wo die Freiheit entzogen und keine Verantwortung zugestanden wird.

Vielleicht hätten diese jungen Menschen eine andere Beziehung, wenn sie Beteiligte eines Lernfeldes wären, wenn sie in die Gestaltung, die Führung und letztlich den Erfolg oder Misserfolg ihrer eigenen Schule einbezogen würden. Aber man kann einem Menschen nicht die Verantwortung für die Leitung einer Institution überlassen, solange man ihn zugleich als Gefangenen dieser Institution hält. Man kann Menschen nicht sämtliche Verantwortung für ihre Umgebung absprechen und zugleich erwarten, dass sie sich in dieser Umgebung gerne aufhalten. Doch wo Menschen Freiheit und Verantwortung haben, kommt ein alchemistischer Prozess in Gang, der die Energie von Wut und Rebellion in Beteiligung und Kreativität umwandelt.

Eine freie Gesellschaft kann ihre Kinder nur in Freiheit erziehen. Wen wundert's, wenn eine Gesellschaft wie die unsrige, in der seit mehr als hundert Jahren zwangsweise unterrichtet wird, es hinnimmt, dass sie in ihrer Freiheit und in ihrem Ausdruck zunehmend beschnitten wird?

Zwang für Geschöpfe des Staates

> *Wenn es zwischen uns keine Unterschiede gäbe, so wäre das für Bürokraten und Statistiker wohl sehr angenehm. Doch wie öde wäre das; unweigerlich müsste es zu einer Gesellschaft ohne Fortschritt führen.* Bertrand Russell

Was soll ein Schüler auf der Schule lernen? Die Frage scheint legitim, wenn es darum geht, in einer demokratischen Gesellschaft zu leben. Wer entscheidet darüber, was unsere Kinder lernen sollen? Sind es Universitätsprofessoren, Stiftungen, Lehrmittelverlage, Politiker, örtliche Schulbehörden oder Lehrer? Beständig ringen die Macher der Lehrpläne um Kontrolle und Einfluss. Soll biblische Schöpfungsgeschichte oder soll wissenschaftliche Evolutionsgeschichte unterrichtet werden? Sollen Schüler Buchstabe für Buchstabe lesen lernen oder besser ganze Wörter? Geht es darum, sich ein Fach profund zu erarbeiten, oder reicht es, mit dem erworbenen Wissen die Prüfung zu bestehen? Die Theorien der Pädagogen gehen konstant weit auseinander; jede Lehrmeinung hat ihre Lobby. Auf dem Spiel stehen Milliardenbeträge und, fast nebenbei, das Leben unserer Kinder.

Weniger offensichtlich als die Auseinandersetzungen der pädagogischen Gurus um Mittel und Macht ist der Schaden, der daraus entsteht, dass das Wissen auf jenes beschränkte Maß schrumpft, welches *jeder* Experte für wichtig hält. Diese Tendenz zu einer normierten Zahl von Halbwahrheiten, die im Gewand der Bildung daherkommen, ist dazu angetan, die Vielfalt der Meinungen und die Energie des Dialogs, dem Lebenselixier einer Demokratie, kurz zu schließen. Wenn eine Bevölkerung nur noch auf der Basis institutionalisierter staatlicher Lehrpläne unterrichtet wird, ist eine solche Gesellschaft dann nicht dazu verurteilt, im Mittelmaß stecken zu bleiben? Führen Normen nicht zwangsläufig dazu, dass sie um ihrer selbst willen fortdauern, aufrechterhalten durch Bürokratien, die um sie herum wuchern und eigene Machtstrukturen ausbilden? Der freie Fluss von Ideen, Informationen und Überlegungen versiegt, wo nur noch amtlich abgesegnete Informationen vermittelt und abgefragt werden. Nur noch Kandidaten, die sich prüfen ließen und die Prüfungen erfolgreich absolvierten, bringen es an die Schalthebel der Macht, und allein jene, die dort sitzen, beschließen, welche Informationen zum Unterricht zugelassen werden.

Eine totalitäre Kontrolle darüber, was gelehrt und gelernt wird, ist der Anfang vom Ende demokratischer Strukturen. Demokratie setzt voraus, dass sämtliche Bürger denselben Zugang zum Wissen haben, dass Informationen frei fließen und dass allen sämtliche Formen von Bildung offen stehen.

Der erste Zusatz zur Verfassung der Vereinigten Staaten von Amerika untersagt Gesetze, welche die Redefreiheit einschränken. Jene, welche damals die Rahmenbedingungen einer demokratischen Gesellschaft entwarfen, erkannten, dass der freie Fluss von Informationen ein entscheidendes Mittel ist gegen die Tyrannei einer zentralisierten Macht. Es fällt nicht schwer, einen Zusammenhang zu erkennen zwischen der Art, auf welche der einzelne unterrichtet wird und den daraus sich ergebenden Beschränkungen seiner Fähigkeit, sich auszudrücken. Das höchste Gericht der USA hat sich wieder und wieder mit Verstößen gegen dieses grundlegende Recht beschäftigt. Doch erst 1925 erklärte das Bundesgericht der Vereinigten Staaten ein Gesetz des Staates Oregon für nichtig, mit dem hätte durchgesetzt werden sollen, dass Kinder staatlich geführte, öffentliche Schulen zu besuchen haben (*Fall: Pierce v. Society of Sisters of Holy Names*). Das Gericht erkannte, es liege nicht in der Macht eines Staates, «seine Kinder zu vereinheitlichen», indem er die Eltern davon abhalte, Alternativen zur Staatsschule zu betreiben. Weiter stellte das Gericht fest, ein Kind sei nicht «ausschließlich ein Geschöpf des Staates», und der Staat dürfe nicht unverhältnismäßig eingreifen in «die Freiheit der Eltern und Erziehungsberechtigten, über die Erziehung und Ausbildung von Kindern zu bestimmen».

In den Jahrzehnten darauf wurden vom Bundesgericht unangemessene Beschränkungen von privaten und religiösen Schulen für nichtig erklärt. 1992 schützte das höchste Gericht im Fall Martin schließlich das Recht auf Unterricht zu Hause. Allmählich, aber unaufhaltsam setzt sich die Erkenntnis durch, dass es der Demokratie schadet, wenn Bildung an staatliche Institutionen delegiert wird. Es besteht eben ein direkter Zusammenhang zwischen der Bewahrung individueller Freiheit des Denkens, des Glaubens und der Bildung und der daraus resultierenden kulturellen Vielfalt, welche in ihrer Substanz eine gesunde, egalitäre Gesellschaft ausmacht.

Kann es in einem Volk Redefreiheit geben, wenn zugleich die Freiheit der Bildung, welche letztlich diese Rede bestimmt, nicht bewahrt wird? Obwohl der Preis für die Redefreiheit oft darin liegt, dass wir Ausdrucksformen zu ertragen haben, denen wir weder zustimmen, noch die wir selber verwenden würden, wird das vorrangige Wohl der Gesellschaft sowie die Lebensqualität jedes Einzelnen durch diese allgemeine Freiheit verbessert. Gilt das im Wesentlichen nicht auch für die Bildung? Wenn es keine Freiheit des Ausdrucks im Lernen gibt, wie wollen wir entscheiden, wer oder was das Denken der Schüler kontrolliert?

Auseinandersetzung und Entscheidungsfindung

> *Wo sich Vorstellungen lange genug halten, ohne dass sie hinterfragt werden, ereignet sich etwas ganz Bestimmtes: Die Vorstellungen werden zu Mythen, und sie gewinnen unglaublich an Einfluss, sie erzeugen uniforme Ansichten und sie machen Angst.*
> E. L. Doctorow

Die politische Geschichte des Bildungswesens und die Strategiediskussionen, die sich daraus ergaben, mögen ermüdend und endlos wirken, doch der Bildungspolitik liegt eine interessante Frage zugrunde: Kann Lernen überhaupt stattfinden, wo Schüler nicht bloß zur Teilnahme gezwungen werden, sondern wo sie auch noch in ihrer Bewegungsfreiheit, ihrem Geist und ihrem Temperament so sehr eingeengt werden, wie das in der Schule der Fall ist?

Kann ein Kind, dem der gesamte Umfang seines Lebens und seiner schulischen Umgebung vorgeschrieben wird, überhaupt etwas anderes erfassen als Aspekte eines Diktats (Benehmen) und die Aufnahme von Information (auswendig lernen)? Dazu könnten wir sagen, dass auch Benehmen und auswendig lernen bestimmte Formen des Lernens sind, bestimmt stellen sie aber kein ganzheitliches Lernen dar, das einbezieht, wie Probleme gelöst und vielschichtige Entscheidungen getroffen werden, und das Beziehungen zur gesamten Umgebung fördert. Auch mechanisches Auswendiglernen fördert eine Art von Fachkompetenz, doch ist es die Fachkompetenz eines Papageis, und wie wir wissen, brauchen Papageien einen Vorsprecher, der ihnen das Nachplappern beibringt.

Ist es das, was wir für unsere Kinder wollen: dass sie geformt werden, indem man ihr Verhalten anpasst, und dass sie mittels Belehrung unterrichtet werden? Nichts anderes ist aus den öffentlichen Schulen und auch aus vielen privaten Schulen geworden. Vielleicht ist deshalb die Kompetenz von Schülern, Probleme zu lösen, im Laufe der letzten Jahrzehnte gesunken, während die Ergebnisse ihrer Intelligenztests gestiegen sind.

Ein Kind braucht nicht nur den vollen Umfang an Freiheit, um zu forschen, zu experimentieren und wahrhaftig zu lernen. Ohne Freiheit gibt es keine Gelegenheit, etwas über Verantwortung zu lernen. Meistens vermitteln wir das, was wir Verantwortung nennen, indem wir Schwierigkeiten der Schüler in der Schule lösen, diese Lösungen mit Verhaltensregeln versehen und diese Regeln fortan durchsetzen. Schüler, die rebellieren, die nach Freiheit verlangen und die für ihren Freiheitsdrang Verantwortung übernehmen, indem sie außerhalb geltender Regeln handeln, werden bestraft oder zu Außenseitern degradiert. Schüler, die sich unterwerfen, werden von den Schulleitern als verantwortungsbewusste Bürger betrachtet. Doch von Verantwortung lässt sich hier schlecht reden, handelt es sich doch lediglich um Benehmen.

Verantwortung setzt Freiheit voraus. Jeder Einzelne muss in Bezug auf seine Verantwortung versagen dürfen, er muss die Folgen seines Versagens ertragen können und davon erlöst werden, indem er die Folgen akzeptiert. Das Erkunden dieses Wechselspiels zwischen persönlichem Verlangen und dem sozialen Kontrakt einer Schulgemeinschaft ist der Pfad zum besseren Verständnis eines Lebens, das auf Beziehungen gründet. Unbewusstes Verhalten funktioniert in der Freiheit nicht; es bricht zusammen, und seine Schattenseiten werden sichtbar. Nur wenn jeder Einzelne diese wesentliche Frage in vollständiger Freiheit für sich selber untersuchen kann, wird es ihm möglich, die Impulse seines Geistes in die Verbundenheit mit anderen Menschen einzubringen.

Schulen, die überwachen, berauben Schüler nicht nur ihrer Freiheit, sondern auch ihrer Verantwortung. Dennoch kann Lernen auch unter solchen Umständen stattfinden, und es ist bemerkenswert, dass das überhaupt möglich ist. Es zeugt von der Widerstandsfähigkeit des lernenden Geistes und der menschlichen Seele.

Freiheit und Verantwortung: Das eine gibt's nicht ohne das andre

Meine Lehrer hielten mich für einen Spätzünder und zugleich für altklug. Ich las Bücher, die über mein Alter hinausreichten, und war in meiner Klasse doch der Sitzenbleiber. Die Lehrer waren beleidigt. Ihnen standen alle erdenklichen Zwangsmaßnahmen zur Verfügung, doch ich blieb störrisch. Wo mein Verstand, meine Vorstellungskraft oder mein Interesse nicht angesprochen wurden, wollte oder konnte ich nicht lernen.
Winston Churchill

Ein Teil des Lernprozesses besteht darin, sich wahre Disziplin anzueignen. Falsch verstandene Disziplin entsteht auf

Druck von außen. Wahre Disziplin ergibt sich aus der Integration unserer inneren Triebe. Oft versuchen wir, unseren Kindern Disziplin beizubringen, indem wir sie dazu zwingen, etwas zu tun, das sie nicht tun wollen. Stattdessen könnten wir sie dazu auffordern, die Folgen ihrer Handlungen zu erkennen und Verantwortung für ihre Worte, ihre Taten und die Reaktionen, welche sie damit in ihrer Umwelt hervorrufen, zu übernehmen. Disziplin bedeutet nicht nur, fähig zu sein, das zu tun, was wir nicht tun wollen; es bedeutet auch, fähig zu sein, jene schwierige Aufgabe auf sich zu nehmen, die wir auf uns nehmen wollen.

Es gibt Dinge, die uns keinen Spaß machen, und doch halten wir uns mit einiger Selbstverständlichkeit dazu an, diese Dinge zu erledigen. Das tun wir, weil wir begreifen, dass die Handlung, die wir nicht mögen, uns erlaubt, etwas zu tun, das wir mögen. Wenn ich vorhabe, Langstreckenläufer zu werden, habe ich wenig Lust auf die ersten vier, fünf Wochen des anstrengenden Trainings, weil diese Wochen schwierig und schmerzhaft sind. Doch sehe ich ein, dass ich da hindurch muss, wenn ich mich an diesem Sport je erfreuen will. Wir alle kennen Beispiele aus dem eigenen Leben, wo wir uns Erfahrungen aussetzten, die wir nicht mochten. Wir taten's, da wir wussten, dass die Mühen uns einem bestimmten Ziel näher brachten.

In einer demokratisch bestimmten Lerngemeinschaft gibt es Regeln, denen sich jeder unterzieht. Diese Regeln werden dem Einzelnen, welcher sie vielleicht nicht unbedingt befolgen mag, von der Gemeinschaft auferlegt. Weil die Strukturen demokratisch entwickelt werden, ist es jedem Mitglied der schulischen Gemeinschaft möglich, an der Ausgestaltung der Regeln mitzuwirken. Sich unter diesen Vorgaben gegen Regeln aufzulehnen, hat eine andere

Bedeutung und ruft andere Reaktionen hervor. Eine Regel zu brechen, bedeutet, meine Gemeinschaft und meine Spielgefährten zu missachten, und die Gemeinschaft wird darauf reagieren, indem sie eine entsprechende Strafe verhängt.

Diese Art von Disziplin beruht auf Beziehungen, sie unterscheidet sich grundlegend von einer Schulleitung, welche die Macht hat, Regeln zu bestimmen und durchzusetzen. In der herkömmlichen Machtstruktur bleibt dem Schüler nichts anderes übrig, als entweder seine Eigenständigkeit aufzugeben oder sich aufzulehnen. Für Engagement und Dialog ist da kein Platz.

Wenn eine Klasse in einem demokratischen Umfeld drei Stunden damit verbringt, unter Schulkameraden zu diskutieren, ob eine Regel eine gute Idee ist oder nicht, ob sie von sozialem Nutzen ist oder nicht und ob es Beispiele von Schulen gibt, die mit oder ohne diese bestimmte Regel geführt werden, begreifen am Ende einer solchen Diskussion sämtliche Beteiligten das Wesen der Übereinkunft. Wenn eine auf die Weise aufgestellte Regel dann zur Abstimmung kommt und angenommen wird, selbst mit einer dünnen Mehrheit und selbst dann, wenn Einzelne mit dieser Regel nicht einverstanden sind, werden alle einsehen, dass hier etwas geschehen ist, das mit ihnen zu tun hat. Das ist die wahre Macht von hierarchielosen Strukturen, und diese Macht ist selbstverständlich für alle Beteiligten zugänglich.

Lernen und Glauben

Kultur und Standpunkt

*Sehr viele Leute denken, dass sie denken,
während sie lediglich dabei sind, ihre Vorurteile
neu zu arrangieren. William James*

Kürzlich war ich mit einem meiner kleinen Kinder in einem Ladengeschäft. Einige Minuten war ich mit Einkäufen beschäftigt, derweil mein Sohn von einem Bildschirm in einer Ecke des Lokals angezogen wurde, wo marktschreierisch Produkte aller Art angepriesen wurden. Nach einer Weile kam er wieder zu mir und begann, das Kauderwelsch der Werbebotschaften zu wiederholen. Er war fasziniert von der Verheißung, eine wundervolle Welt zu betreten, die durch den Erwerb eines Spielzeugs, eines Films oder eines Getränks versprochen wurde. Mein Sohn hatte etwas gelernt. Ich hatte ebenfalls etwas gelernt. Niemand hatte mich gefragt, ob es in Ordnung sei, meinem Sohn etwas zu verkaufen. Das wird auch in Zukunft so sein. Mein Sohn ist ein Marktanteil, wenn auch noch von geringem Wert, und die Verkäufer werden ihn finden, egal wohin er sich bewegt.

Die Ansichten der Gesellschaft und diejenige meines Sohnes befinden sich in stetem Austausch, und ein Großteil dieses Austausches hat mit dem Verhältnis zu materiellen Dingen zu tun. Der Markt verspricht Glückseligkeit, beschert uns aber nichts weiter als Güter und Dienstleistungen. Was mein Sohn in dieser Kultur lernt, ist die Gleichsetzung von Gütern und Dienstleistungen mit Glückseligkeit. Mir ist es wichtig, dass er für sich selber herausfindet, ob diese Gleichung auch tatsächlich aufgeht. Was er daraus lernt, wird sein Leben bestimmen.

Es ist unmöglich, die Erziehung unserer Kinder zu erörtern, ohne sich zugleich der großen Herausforderung zu stellen, das kulturelle Umfeld, in dem Kinder lernen, zu verstehen. In der gegenwärtigen westlichen Kultur sehen wir uns mächtigen medialen Kräften ausgesetzt, die unsere Ansichten vielfach beeinflussen. Es gelingt uns kaum, uns irgendwohin zu bewegen, ohne mit Werbung für das eine oder andere Produkt konfrontiert zu sein. Noch heimtückischer ist die ständige Präsenz von Marken, die ganze Lebensstile verkörpern und in uns Gefühle von Freiheit, Glück und Erfüllung hervorrufen, sofern wir uns bei der Wahl einer Limonade oder einer Designerjeans für die richtige Marke entscheiden.

Unsere unverhohlen materialistische Gesellschaft lehrt uns ohne Unterlass. Werbung ist Unterricht, doch wird uns gelehrt, zu konsumieren statt abzuwägen. Über das Wesen der im Markt wirkenden Kräfte nachzudenken, ist vom Standpunkt der Werbung aus nicht erwünscht. Daher wird von der Werbung stets versucht, uns als Konsumenten so einzuwickeln, dass uns die Modeerscheinungen, Trends und die damit einhergehenden Bedürfnisse knapp unterhalb unserer bewussten Wahrnehmung beeinflussen. In der Werbung wird auf übersteigerte oder auf unterschwellige Weise kommuniziert; selten kommt eine Werbebotschaft in sachlichen oder präzisen Begriffen daher. Für unsere Kinder ist es ausgesprochen gefährlich, wenn wir uns der Auswirkungen dieser Kräfte auf ihr Denken nicht bewusst sind.

Wenn Kindern Verantwortung übergeben wird und sie die Freiheit haben, diese auch wahrzunehmen, entwickeln sie die Fähigkeit zum kritischen Denken wie nebenbei. Es steht ihnen offen, selber herauszufinden, was sie befriedigt und was nicht. Ein Kind, dessen Fähigkeit zu unterscheiden und dessen Wille durch jahrelanges erzwungenes Lernen gebrochen wurden, ist der perfekte Kandidat, um ein williger Konsument aller möglichen Produkte zu sein, die der Markt so bietet. Natürlich muss alles, was verkauft wird, zunächst einmal produziert werden, und der willige Konsument ist gleichzeitig auch ein gefügiger Mitarbeiter.

Um unsere Kinder auf neue Weise erziehen zu können, müssen wir zunächst unsere Kultur verstehen – die gesellschaftlichen Vorgaben und Denkmuster, aus denen unsere kollektive Wahrnehmung besteht. Der Einfluss der Vermarktungsmaschinerie und des Konsumdenkens basiert auf tief verwurzelten Verhaltensmustern unserer Gesellschaft und deren Geschichte. Diese Kräfte spiegeln den Kern unseres Verstandes und unserer Biologie, das, was den Einzelnen ausmacht. Sobald wir etwas über unsere individuelle und kollektive Wirklichkeit verstehen, können wir hoffen, ein Lernfeld zu erschaffen, das mehr ist als bloße Indoktrination in die Zwänge einer konfliktbeladenen Welt.

Wir alle kennen die Maxime, dass wir gezwungen sind, die Geschichte zu wiederholen, solange wir nicht imstande sind, aus ihr zu lernen. Das scheint unschwer zu begreifen. Wir müssen aber auch den Standpunkt erkennen, von dem aus wir die Vergangenheit betrachten. Wenn wir uns des Blickwinkels, aus dem wir definieren, was Geschichte ist, nicht bewusst sind, können wir nicht anders, als noch mehr vom selben Standpunkt zu erschaffen. Wir werden ein bestimmtes Wahrnehmungsmuster von Nationalität, Rasse, Religion oder irgendeine andere Schiene der Interpretation über die historische Wirklichkeit legen, und diese danach interpretieren.

Der verborgene Blickwinkel, unser blinder Fleck, unser kulturelles Selbstverständnis und die Identifikation damit, ist eine der Ursachen für die unlösbaren Probleme der Welt. Den Blickwinkel der Wahrnehmung sichtbar zu machen, ist der Beginn der Lösung. Der verborgene Blickwinkel wird uns an den Schulen zwar beigebracht, selten aber lernen wir etwas über ihn. Und schon gar nicht ziehen wir in Betracht, unser kultureller Blickwinkel könnte bloß einer von vielen sein.

Unsere Kultur ist oft seltsamer als Fiktion; manchmal scheint sie geradewegs eine Fiktion zu sein. Diese stete Vermischung von Information, Werbung und Unterhaltung in einer mediengesättigten Welt lässt uns mit der Frage zurück, wie die Wirklichkeit ist oder – schlimmer noch – ob so etwas wie Wirklichkeit überhaupt existiert. Kein Wunder, wenden wir uns Glaubenssystemen zu, die uns Sicherheit versprechen. Wenn wir nach Sicherheit streben, geschieht dies einzig daher, weil in unserem Leben in Tat und Wahrheit nichts sicher ist, und das empfinden wir als unbehaglich. Doch wo Gewissheiten des Glaubens als Wahrheit verkauft werden, wird belehrt und nicht unterrichtet.

Ganzheitliches Lernen verlangt, das Wesen des Glaubens an sich zu verstehen. Solch ein Lernen beinhaltet, sämtliche Standpunkte gründlich zu hinterfragen. Ein Mensch, dem es ganzheitlich ums Lernen geht, begegnet jeder Annahme mit einer Frage.

Was in der Vergangenheit war, brauchen wir nicht sklavisch zu wiederholen, indem wir die Zukunft als Abbild der Vergangenheit erschaffen. Wir müssen unsere Kinder nicht in ein Leben führen, das darauf hinaus läuft, Fehler der Vergangenheit zu wiederholen, da es einer alten, unerkannten Perspektive verpflichtet bleibt. Wir müssen unsere Kinder nicht dazu zwingen, die Welt in ihren vielen Facetten genauso zu begreifen, wie es die vorherrschende Perspektive nahe legt.

Wir können unsere Kinder dazu ermutigen, mit uns gemeinsam einen neuen Weg zu beschreiten und zu entdecken, wie wir das Leben gestalten können; einen Weg, der die frische Sichtweise eines Kindes mit dem Wissen des Erwachsenen vereint. Dies ist eine neue Art von Weisheit; sie beruht auf der Glückseligkeit eines jeden Einzelnen. Das Kind wird dann weder von uns geführt, noch werden wir vom Kind geführt, vielmehr sind wir beide Schöpfer zu gleichen Teilen. Jeder bringt seine Stärken ein, respektiert die Eigenständigkeit des anderen und ist sich einer tiefen Verbundenheit bewusst. So wird möglich, dass wir gemeinsam etwas entdecken, das mehr ist als die Summe aller Teile: die Verbundenheit, die wir alle tief in uns drin spüren, und Formen unseres Lebens, die Ausdruck eines Glücks von uns allen sind. Ein grösseres Geschenk an unsere Kinder gibt es nicht, und ebenso wenig könnte es ein erstrebenswerteres Ziel in der Bildung geben, die wir ihnen vermitteln. Wenn wir das zulassen, werden unsere Kinder dieses Geschenk empfangen und mit Freuden wiederum an ihre eigenen Kinder weiterreichen.

Denken als Methode

> *Eine der bedeutendsten und durchaus berechtigten Aufgaben des Denkens hat immer schon darin bestanden, für Sicherheit zu sorgen, indem zum Beispiel Obdach und Nahrung sichergestellt wurden. Doch diese Funktion schlug fehl, als die Tätigkeit des Denkens selber zur hauptsächlichen Ursache von Unsicherheit wurde.* David Bohm

Was bringen wir unseren Kindern bei? Das stellt sich nicht bloß als Frage nach dem Fachgebiet oder nach den Werten, die wir vermitteln wollen, sondern als Notwendigkeit, den Kern der Wirklichkeit zu begreifen, die wir übermitteln. In der Bildung haben wir die Schulung des Denkens, der Fähigkeit zu Konzepten und der Abstraktion zu den wertvollsten Bestandteilen des Lernens erhoben. Entsprechend groß ist die Verführung durch Informationen und durch den Intellekt, und wir fangen erst an, uns daran zu erinnern, dass es im Leben Fähigkeiten gibt, die zu erwerben sich lohnt, die aber überhaupt nichts mit der Verarbeitung von Informationen zu tun haben. Intellektuelle Fähigkeiten sind bei weitem nicht alles, was es wert ist, unseren Kindern vermittelt zu werden, und doch ist dieser Bereich in unserem Bildungswesen gewaltig überentwickelt. Das Vermögen, linear zu denken, lässt sich leicht als Frucht der Bildung messen, und entsprechend gilt sie als zuverlässiger Indikator für den Rücklauf unserer Investition ins Bildungswesen.

Wie sind wir bloß auf die Idee gekommen, diesem einen

Bereich des menschlichen Seins derart Bedeutung beizumessen, dass wir unsere gesamte Kultur auf ihn ausgerichtet haben? Denken ist doch nur eine von vielen Möglichkeiten, die Welt zu erfassen, und vor noch gar nicht allzu langer Zeit erst ist diese eine Möglichkeit zur allein selig machenden erkoren worden. Wie rasch hat der denkende Geist doch Karriere gemacht, so dass er heute wie keine zweite menschliche Eigenschaft das Wesen unserer Gesellschaft bestimmt.

Im 17. Jahrhundert rang Descartes lange mit der Schwierigkeit, daran zu glauben, dass uns das Denken ein zutreffendes Abbild der Welt vermittelt. Wohl wusste er, wie sehr uns Gedanken in die Irre führen, wie trügerisch sie doch sein können. Doch wenn dem so war, was blieb dann noch, an das man sich hätte halten können? Das war recht beängstigend, und Descartes gab auf. Er beschloss, Denken sei vermutlich doch das beste Werkzeug, um uns und alles weitere in den Griff zu bekommen. Wenn es nicht das Denken war, was dann? Eine gewichtige Frage, und da der Existenzialismus damals noch nicht erfunden war, kamen die Überlegungen damit an ein abruptes Ende. Wenn es nicht im Bereich des Denkens liegt, dann bleibt nichts, worüber sich weiter nachdenken ließe, und ... puff ... schon ist die Wirklichkeit entschwunden.

Descartes dachte wirklich viel darüber nach und beschloss, dass er wohl lieber vorhanden sei als nicht. Er sagte: «Ich denke, also bin ich.»

Und das haben wir ihm abgenommen.

Auf diese Weise haben wir zu leben begonnen: «Ich glaube, also bin ich.» Wir errichteten eine Welt auf dem Glauben an das Denken und auf der Überzeugung des «ich bin». Wir erschufen ein großartiges Gesellschaftssystem, das auf dem Denken und auf der Trennung des Denkenden von seinen Gedanken basiert.

Nun sind wir nicht mehr imstande, unseren Weg aus diesem Irrgarten heraus zu finden. Allerdings glauben wir auch nicht vollständig an den Irrgarten. Der Irrgarten des Denkens ist in sich schlüssig, doch in ihm entsteht Verbindung durch Abgrenzung, vergleichbar mit den Nachbarschaftsverhältnissen in anonymen Vorstädten: Man lebt in einer Gemeinschaft, doch den Nachbarn kennt man nicht.

Evolutionsbiologen weisen darauf hin, dass sich unser Denken als eine Fertigkeit entwickelte, die dazu diente, Nahrung aufzuspüren und sie in Besitz zu nehmen. Das Gedächtnis entwickelte sich als Hilfsmittel, mit dem wir uns daran erinnern konnten, wo wir Vorräte versteckt hatten und wie wir dorthin zurückfanden. Heute sichert uns das Denken weiterhin das Überleben. Es beschäftigt sich nicht groß mit der Frage, ob wir glücklich sind. Das gehört nicht zum Aufgabenbereich des Denkens. Das Denken weiß viel über die Theorie des Glücklichseins, aber wenig über die Wirklichkeit von Glücklichsein. Wenn es uns am Herzen liegt, dass unsere Kinder glücklich sind, dann müssen sie die Leistungsfähigkeit ihres Denkens entwickeln, um zu überleben, doch darüber hinaus müssen sie noch weit mehr entwickeln, um ein erfülltes Leben führen zu können.

In der Welt unseres Denkens können wir einander nahe kommen, eine umfassende Verbindung zu anderen lässt sich in diesem Bereich aber nicht knüpfen. Dagegen spricht ein Übermaß an Ideologie und Überlebensinstinkt. Abgesehen von unseren Vorstellungen gibt es aber noch etwas weiteres, was uns verbindet: eine Eigenschaft des Herzens und des Gefühls, das Erspüren einer Verbundenheit, die wenig damit zu tun hat, welche Art von Erziehung und Bildung wir hinter uns haben, aber viel mit der Beschaffenheit der Beziehungen, die wir zu unseren Lehrern und Mitschülern, zur Familie und zu Freunden unterhalten.

Denken ist ein großartiges Werkzeug. Mit seiner Hilfe haben wir die Welt der technischen Wunder erschaffen, wie wir sie überall um uns herum vorfinden. Das Denken erlaubt es uns, die Welt zu formen, ihren Verlauf vorherzubestimmen und zu beeinflussen. Wir können die Welt mittels unserer Wahrnehmung oder mittels unserer Imagination festhalten und sie in abstrakten Begriffen darstellen. Daraus entstehen Modelle, die sich benutzen lassen, um hochzurechnen, wie die Zukunft aussehen könnte. Mit dem Werkzeug des Denkens können wir versuchen, diese Zukunft zu verändern, um aufziehenden Gefahren aus dem Weg zu gehen. Und alle diese Abläufe lassen sich mit Hilfe der Sprache darstellen.

Die Möglichkeiten des Denkens sind außergewöhnlich. Wir können denken, modellieren, vorhersagen und beeinflussen, und als Folge davon werden wir überleben. Bloß sind nicht «wir» es, die überleben, sondern «ich». Diese wundervolle Technik hat einen kleinen Programmfehler, ähnlich einem Computervirus, der nicht aufzuhalten ist und sich ständig ausbreitet. Das «Ich» ist die Störung. Das Programm läuft eigentlich prima, doch was übrig bleibt, nachdem der Staub des Modellierens, Vorhersagens und Manipulierens aufgewirbelt wurde und sich wieder gelegt hat, ist nicht unbedingt das Gemeinwohl.

Dieses bruchstückhafte Verständnis des Selbst entspringt einem nicht integrierten Denken und bleibt den vielfältigen Dimensionen des Lebens gegenüber verschlossen. Nie könnte es ganzheitlich denken, sondern nur individualistisch. Unsere Kultur basiert auf diesen Bruchstücken, und jede neue Generation wird von diesem Standpunkt aus unterrichtet. Die Herausbildung des Denkens überzubetonen, ohne dessen Integration in die Gesamtheit des Lebens Rechnung zu tragen, verstärkt bloß diese tragische Verirrung. Der gestählte Einzelgänger wird den Weg der tatsächlich gestählten und stark einzelgängerischen Dinosaurier gehen, falls unsere Selbstwahrnehmung als Individuen nicht durch ein Bewusstsein für Raum, Gemeinschaft und Beziehung ausgeglichen wird. Ein Sinn für den Wert der Individualität ist wichtig, grundlegend und unersetzlich, und er sollte gepflegt werden. Dennoch ist es eine Tatsache des Lebens, dass ein Individuum stets in Beziehung zu allem Lebendigen steht. Dies zu erkennen, beschert dem getrennten Selbst Weisheit, Mitgefühl und Nachhaltigkeit. Die Freiheit des Einzelnen braucht durch nichts weiter eingeschränkt zu werden als durch ein Bewusstsein der Verantwortung und Verbundenheit, wie sie zum Wesen des Menschen gehören.

Unsere Besessenheit mit dem Denken – mit einem kleinen Ausschnitt der gesamten Bandbreite menschlicher Erfahrungen – hat eine Kultur der Selbstsucht hervorgebracht, die sich viel einbildet auf ihre Abgrenzung. Wir bringen unseren Kindern bei, miteinander zu konkurrieren, wir prüfen ihre Leistungen und belohnen jene, die sich dadurch auszeichnen, dass sie Hindernisse überwinden und überleben. Wir belohnen den Individualismus, ohne darauf hinzuweisen, dass jeder Einzelne mit der Gesamtheit des Leben verknüpft ist.

Wir haben vergessen, wie beschränkt die Funktion des Denkens eigentlich ist, stattdessen identifizieren wir uns damit. Das Denken ist ein technischer Vorgang, wir aber sind weit mehr. Ein Individuum, das nur Individuum ist, lebt bloß einen kleinen Teil des gesamten menschlichen Potenzials. Unser menschliches Potenzial besteht darin, einzigartig, ja ausgefallen individuell zu sein *und* vollständig in Beziehung zur Ganzheit des Lebens zu stehen. In der Schule hat sich das nicht lernen lassen. Es gibt keine Prüfungen, mit denen sich Lernfortschritte auf diesem Feld messen ließen. Der ganzheitliche Mensch steht nicht über allen anderen; er steht mit allen anderen zusammen.

Was, wenn Descartes, als er sich mit der Frage nach dem Selbst beschäftigte, das ganzheitliche Selbst statt des abgesonderten Selbst entdeckt hätte? Was, wenn er verkündet hätte: «Ich liebe, also bin ich?» Was, wenn wir ihm diese Aussage abgenommen und eine Gesellschaft auf der Verbindung zueinander aufgebaut hätten, eine Gesellschaft, in welcher geben, helfen und heilen geschätzt würden, und in der die Tätigkeit des Denkens dazu da wäre, ein Leben der Anteilnahme zu fördern? Wie würden Schulen in dieser Art von Gesellschaft aussehen, und was würde an ihnen unterrichtet werden?

Haben wir den Mut, unsere Identifikation mit dem Wissen in Frage zu stellen? Können wir zu einer Sichtweise des Denkens gelangen, die ihm seine eigentliche Funktion zugesteht und gleichzeitig seine Beschränkungen anerkennt? Lässt sich eine Haltung finden, die den Erzeuger von Gedanken einbettet in die Tatsache, dass wir umfassend miteinander verbunden sind? Gelangen wir zu einer Art von Intelligenz, die dem Denken als Werkzeug Rechnung trägt, zugleich aber die Ganzheit des Lebens als den übergreifenden Zusammenhang anerkennt?

Was wird aus der Bildung, wenn sie umfassender wird als die Ansichten, die sie vermittelt, so umfassend, dass von ihr das Kind in seiner Ganzheit unterrichtet wird?

Nichts: Wonach du gesucht hast

Manchmal nimmst du eine Menge wahr, indem du beobachtest. Yogi Berra

Wenn wir unseren Kindern beibringen, dass die Aufnahme von Informationen der wichtigste Bestandteil der Bildung ist, verhökern wir ihnen auf subtile Weise ein Wertesystem, das in unserer Kultur eingebettet ist. Informationen sind von abnehmendem Wert. Mit der Zeit wird vieles von dem, was wir gelernt haben, unwichtig oder überholt sein. Unsere Welt besteht aus zu vielen Informationen und zu wenig Inhalt. Was unseren Kindern dient, ist nicht bloss ein endloser Strom von Informationen, sondern ein Verständnis, wie Informationen zu ordnen und zu verwenden sind. Es ist die Beziehung zur Information, nicht die Information selber, welche die Intelligenz ausmacht.

Die Informationsüberflutung an unseren Schulen ist Ausdruck einer Kultur, die besessen ist von Informationen und Handel, oder, genauer gesagt, vom Handel mit Informationen. Börsenkurse flimmern über die Bildschirme, während wir am TV die Nachrichten verfolgen; zwischendurch werden Werbespots für Produkte eingeblendet, von denen wir soeben erfahren, dass wir sie nötig haben. Wir überfliegen die Zeitung, bevor wir zur Arbeit fahren, und wir hören Nachrichten, während wir zur Arbeit fahren.

Wonach suchen wir dabei denn nur? Mit wachsender Geschwindigkeit häufen wir Informationen an, doch worauf läuft das alles hinaus? Im fortwährenden Rausch, immer weitere Informationen auszumachen und festzuhalten, haben wir den Zusammenhang und den Beweggrund hinter unserer Sammlertätigkeit verloren.

Dies ist die schöne neue Welt der Informationsüberflutung. In ihr werden Daten gekauft und verkauft, und das Individuum wird reduziert auf eine Zahl in der Verkaufsstatistik. Die Botschaft heißt Konsum, und der Träger dieser Botschaft kann alles Mögliche sein, von den Namen unserer Sportstadien bis zu den Taschen eines Hemdes, das wir tragen. Es gibt nichts, was in diesem Betrieb nicht zur Handelsware werden kann, sofern es sich nur verpacken und verkaufen lässt. Selbst für «Nichts» gibt es darin einen Markt – alles eine Frage der Verkaufstechnik.

Vor kurzem dachte ein junger Grafiker in Neuseeland über das Geschäft der Werbung und dessen Eigenarten nach, über die zwanghafte Fähigkeit, absolut bizarres Zeug an Leute zu verkaufen, die so etwas normalerweise nicht brauchen. Er verfiel auf ein großartiges soziales Experiment.

Unser Mann überlegte, welches Produkt es am allerwenigsten gibt, und so entschied er sich für die Vermarktung von Nichts^{TM}. Überall in Auckland wurden Reklametafeln aufgestellt mit dem Slogan «Nichts^{TM} – worauf du immer schon gewartet hast», versehen mit dem obligaten Bild einer wunderschönen, in die Ferne blickenden Frau. Schon bald kamen die ersten Anrufe von Leuten, die bereit waren, zu kaufen, was sie vermutlich bereits im Übermaß hatten.

Die Nichts^{TM}-Kampagne veranschaulicht die Macht des Geldes, Umsatz zu generieren, und sie zeigt uns die Macht von Bildern, ein Bedürfnis zu wecken, von dem die Konsumenten zuvor nicht einmal wussten, dass sie es überhaupt hatten. Am wichtigsten aber scheint mir, dass diese Kampagne uns vor Augen führte, wie in der Welt der Informationen selbst ein Nichts es zu etwas bringt.

Wenn nichts zu etwas werden kann, wie wollen wir dann wissen, ob nicht alles nichts ist? Was, wenn alles einfach verpacktes Nichts wäre, ein Nichts, das geschickt in unsere Köpfe gepflanzt wurde als etwas, das nicht nur wichtig ist, sondern geradezu unverzichtbar? Was, wenn all das nichts ist, das mit verführerischen Bildern versehen wurde, um es an uns zu verkaufen, als das, wonach wir gesucht haben?

Das ist die Verheißung von Information. Sie suggeriert uns, stets nach noch mehr, nach besserer und umfassenderer Information zu suchen. Die Verheißung ist der Kern unseres Bildungswesens: Wenn wir dereinst ausreichend Informationen in uns aufgenommen haben, werden wir alles haben.

Doch was ist, wenn das alles nicht wirklich das ist, wonach wir suchen? Was, wenn uns die Vermarktung der Informationen nicht davon zu überzeugen vermag, mehr von allem, mehr von nichts, mehr von irgendetwas anzuhäufen? Was, wenn nichts davon das ist, wonach wir tatsächlich suchen? Und doch erziehen wir unsere Kinder so, als sei die endlose Informationsflut das, nach dem sie streben sollten.

Unerbittlich rattert sie weiter, die Kultur der endlosen Vermarktung.

Wohin wir auch blicken, begegnen wir Markennamen: «Mehr™». «Das Mehr™ Stadion». «Diese Sendung wurde Ihnen präsentiert von Mehr™ (und davon werden Sie ständig mehr kaufen)». «Entworfen von Mehr™». «Gesponsert von Mehr™». Und da ist ja noch so viel mehr ... Plakate, die wunderschöne Frauen oder muskulöse junge Männer zeigen, verbunden mit dem Slogan: «Mehr™ von dem, was du gesucht hast.» Oder einfacher ausgedrückt: «Kauf Mehr™!»

Wenn wir solchen Botschaften begegnen, was geschieht da mit uns? Spüren wir, dass uns irgendwie etwas fehlt, wenn wir die Dinge, für die Werbung gemacht wird, nicht besitzen? Oder haben wir ein ungutes Gefühl, dass die Botschaft und deren Träger in keiner Beziehung stehen zu dem, wonach wir tatsächlich suchen?

Small is beautiful – wenn klein schön ist, empfinden wir dann tatsächlich, dass weniger mehr Freude macht? Betrachten wir die Informationen, die aus allen Richtungen auf uns einströmen, und lassen sie wie Aikidomeister des Informationszeitalters an uns vorbeiziehen in die Unterwelt von Nichts[TM]?

Was passiert mit der Botschaft, wenn ihr Medium Bewusstheit heißt? Was geschieht, wenn unsere Gegenkampagne lautet: «Bewusstheit[TM] – woraus wir leben»?

Bewusstheit braucht keine zusätzliche Information. Ausreichende Information ist ihr gut genug. Auf dieses Verständnis und die Fähigkeit, solche Informationen in Weisheit zu verwandeln, wird in der Schule selten verwiesen. Wenn das, was wir unseren Kindern vermitteln, nicht von Bewusstheit getragen wird, bringen wir ihnen dann nicht bei, unbewusst durch das Leben zu gehen und zu Konsumenten eines unablässigen Stromes nutzloser Informationen und Produkte zu werden?

Kleinen Kindern stehen viele verschiedene Arten von Intelligenz in ihrem Körper und in ihrem Verstand zur Verfügung. Ihr Bedürfnis nach Informationen ist enorm, doch wird es durch weitere Eigenschaften ihres Wesens ausgeglichen, durch ihre Gefühle, Sinneseindrücke und ihr körperliches Verlangen nach Bewegung und Spiel. Wir können ihre gesamte Lebensenergie darauf ausrichten, Informationen aufzunehmen, doch wenn dabei nicht auch die Intelligenz des gesamten Kindes mitspielt, werden wir aus ihnen Erwachsene machen, die über eine Menge an bruchstückhaftem Wissen verfügen, aber nichts davon auch tatsächlich verstanden haben.

Das neue Dokudrama: Die Vermischung von Fakt und Fiktion

> *Mein ganzes Leben lang wollte ich es zu etwas bringen. Jetzt verstehe ich, dass ich genauer hätte sein sollen.* Steven Wright

Fakten, nichts als Fakten. In der herkömmlichen Bildung wird behauptet, dass reine Tatsachen vermittelt werden. Früher, als die Zeiten noch einfach waren, gab es vielleicht einmal so etwas wie reine Tatsachen. Heute leben wir in einer unübersichtlichen Welt, in der die Art und Weise, wie wir die Wirklichkeit konstruieren und begreifen, einem grundlegenden Wandel unterworfen ist. Computergenerierte virtuelle Welten, im Fernsehen vorgeführte imaginäre Welten und die unglaublichen Ereignisse in der tatsächlichen Welt, wie sie unablässig durch die Medien an uns herangetragen werden, konkurrenzieren darum, von uns wahrgenommen zu werden. Wie lässt sich unseren Kindern beibringen, sich in einem Universum zu bewegen, das in ständigem Wandel begriffen ist? Welche Art von Intelligenz braucht es, um sich im Konzert der Medien zurechtzufinden und Sinnvolles zu finden, das es wert ist, aufgenommen zu werden?

Im Hinterland von Maryland machen sich Freunde in aller Unschuld auf zu einem Campingabenteuer, das tragisch endet. Das Geschehen wird von einer wackligen Videokamera festgehalten. Es handelt sich aber nicht um ein Familienvideo, vielmehr sehen wir einen Dokumentarfilm. Eigentlich ist es auch kein richtiger Dokumentarfilm, eigentlich ist es ein Spielfilm, der im Stil eines Dokumentarfilms inszeniert wurde. Der Streifen handelt vom Zusammenstoß mit einer Hexe. Das könnte ein Anhaltspunkt dafür sein, dass es sich um Dichtung und nicht um Wahrheit handelt. *The Blair Witch Project* ist bloß eine Geschichte, bloß ein innovativer Spielfilm.

In einer anderen Stadt wird die Tür aufgestoßen zur Szene einer häuslichen Auseinandersetzung, die in Gewalttätigkeiten ausgeartet ist. Während Polizisten den betrunkenen Ehemann überwältigen und verhaften, vernehmen wir als Zuschauer aus dem Off einen Kommentar, der uns erklärt, was gerade passiert. Die Stimme erinnert uns daran, dass wir fernsehen. Also ist das bloß ein Dokudrama, das eigens fürs Fernsehen inszeniert wurde. Nun, zum Teil haben wir Recht. Die Sache ist eigens fürs Fernsehen gedreht worden. Es ist dramatisch. Doch was wir verfolgen, ist eine echte Polizeiaktion, die von einem Kamerateam begleitet wird. Das Geschehen wird live kommentiert von dem Polizisten, der die Türe aufstößt. Die weiteren Darsteller sind bloß Mitleid erregende Gestalten, die das Pech haben, vor laufender Kamera das Gesetz zu brechen. Das ist eine Tatsache, keine Erfindung.

Cops ist eine bahnbrechende Show des neuen Genres «Reality TV-Show».

Im Fernsehen lassen sich an jedem x-beliebigen Tag Talkshows mit Gästen verfolgen, deren wirkliches Leben verrückter ist, als jede Fiktion es sein könnte. Moderatoren, die in Wirklichkeit Schauspieler sind, geben vor, sich um das Wohl ihrer Gäste und der Zuschauer zu Hause zu kümmern. Ein TV-Prominenter tritt vor einem Publikum auf, das von den Machern der Show dazu angehalten wird, über das Gebotene aus dem Häuschen zu sein, Beifall zu klatschen, wann immer das Zeichen dazu gegeben wird, und sichtbar animiert zu wirken, wann immer die Kamera auf einem ruht. Nach dem Werbeunterbruch wird ein Text eingeblendet, der dazu einlädt, die Gratisnummer der Show anzurufen, falls das Leben, das du führst, stark von der Norm abweicht und du ein Bedürfnis verspürst, deine Verirrungen Millionen von Zuschauern mitzuteilen. Manch einer schafft es in die Show, indem er schwindelt und etwas Absonderliches über sein Leben erfindet. Obschon es Bemühungen gibt, solche Fälle zu verhindern, werden die meisten Schwindler während der Show selber bloßgestellt, was ihren Fall noch weit seltsamer erscheinen lässt und die Zuschauerquoten in die Höhe treibt. Als Zuschauer geben wir vor, an dieser Vorführung von Absonderlichkeiten nicht wirklich interessiert zu sein und zufällig auf diese Sendung umgeschaltet zu haben, die für uns höchstens von einem soziologischen Standpunkt aus von Interesse sei. Natürlich schauen wir weiter, weil es diese Menschen in Fleisch und Blut sind, die unsere schwärzesten Fantasien, unsere schlimmsten Albträume, gelegentlich aber auch unsere kühnsten Träume ausleben. Ob es sich bei diesen Sendungen um Tatsachen oder um erfundene Geschichten handelt, wissen wir nicht sicher; die Grenze zwischen den Bereichen ist leicht verschwommen. Sie sind Tatsache *und* Erfindung zugleich.

Wer im Internet surft, stößt dort auf weitere faszinierende Wirklichkeiten, wie sie frisch produziert werden. In einem Haus, das von neun Studentinnen bewohnt wird, sind überall Kameras montiert, so dass sich 24 Stunden am Tag alles, was im Haus geschieht, am Bildschirm verfolgen lässt. Man kann diese jungen Frauen dabei beobachten, wie sie schlafen, essen, baden, sich anziehen und sich ausziehen. Der Fantasie sind keine Grenzen gesetzt. Das ist gut so. Denn wir sind im Haus der Studentinnen nur dabei, wenn wir monatlich einen Betrag zahlen, der direkt von der Kreditkarte abgebucht wird. Wie sich herausstellt, handelt es sich also um ein Geschäft. Aber die Szenerie ist echt. Irgendwie. Die Frauen werden dafür bezahlt, dass sie in diesem Haus leben. Die Internetseite wird von einem geschäftstüchtigen Pornografen betrieben. Und das alles ist wirklich so, erzeugt vom Einfallsreichtum und der unternehmerischen Vision eines Geschäftsmannes. Dieses Genre könnten wir als fiktionalisierte Wirklichkeit bezeichnen.

Und auf MTV gibt's *Real World*. Noch eine Fernsehshow. Die Produzenten haben ein paar Leute ohne Drehbuch in einen Haushalt gesteckt und halten mit Kameras fest, wie diese Leute ihr Leben verbringen. Damit wurde eine sehr beliebte Form der Seifenoper in die Welt gesetzt, die tatsächlich so stattfindet. Es hat damit nur einige wenige Probleme gegeben, wie zum Beispiel jene junge Frau, die zu den Bewohnern zählte und beinahe an einer Alkoholvergiftung starb, als sie trank und trank und die Kameras das filmten und filmten. Deshalb nennt MTV diese Show *Real World*. Es ist wie in der Bibel: Soll ich meines Bruders Hüter sein, wenn es doch darum geht, eine Show zu produzieren? Dieses Genre könnten wir als faktenangereicherte Fiktion bezeichnen.

Wenn *Real World* faktenangereicherte Fiktion ist, was ist dann die wirkliche Welt?

So steht es um die wirkliche Welt: Das Leben unserer Kinder dürfen wir dieser Kultur nicht anvertrauen. So viel steht fest. Weit besser ist es, unsere Kultur unseren Kindern anzuvertrauen und ihnen Mittel in die Hand zu geben, mit denen sie jene Kräfte erkennen, die auf sie losgelassen werden, um sie zu informieren, zu manipulieren und zu verkaufen. Die Intelligenz eines ganzheitlichen Menschen ermöglicht ihm, seine Talente in eine Welt einzubringen, die sich rapide wandelt, in der es morgen schon völlig anders aussieht denn heute, in der Dichtung und Wahrheit sich fortwährend durchdringen, und die angetrieben wird von Werbegeldern und dem Tanz um Markennamen. Wenn wir ihnen die Möglichkeiten dazu einräumen, werden unsere Kinder diese Kultur umwandeln, bevor sie von ihr verschluckt werden.

Lauter Nahrung für den Geist

Das Medium ist die Botschaft.
Marshall McLuhan

Schlagfertig wird in unserer Kultur den Kindern erzählt, sie sollen zu Drogen «einfach nein» sagen. Zugleich wird von ihnen aber erwartet, «ja» zu sagen zur maßlosen Gewalttätigkeit von TV und Kino, «ja» zu den Schachzügen der Vermarktung einer sexuell überreizten Fantasiewelt, «ja» zur Gleichsetzung von Glück mit materiellem Besitz. Wenn sich diese destruktiven kulturellen Botschaften in den Köpfen und Herzen unserer Kinder einnisten, ist das genauso zerstörerisch, wie es die Drogen sind, die wir bannen und verbieten.
Alles, was wir konsumieren, ist eine Droge: Es verändert die Art, wie der Geist die Wirklichkeit wahrnimmt. Alles ist Nahrung für den Geist.

Was geschieht in einem Achtjährigen, der im Fernsehen zusieht, wie ein Mensch einen anderen Menschen tötet? Was ist mit Bildern von einem, der Hunderte von Menschen tötet? Wird das Denken und Empfinden eines Kindes dadurch verändert? Wird sein Gehirn geschädigt? Warum wird dies von der Gesellschaft geschätzt und belohnt, während andere bewusstseinsverändernde Substanzen oder Tätigkeiten verboten sind?

Bilder von Gewalt, wie sie die kommerzgesteuerten Medien ins Haus liefern, verändern buchstäblich die Hirnchemie eines Kindes. Zum einen erzeugen sie Albträume, zum anderen erschüttern sie die kindliche Seele, was sich in gewalttätigem Benehmen äußert. Das ist eine Droge; sie verändert das Bewusstsein, und sie hat Nebenwirkungen.

Was läuft in einem Achtjährigen ab, der Junkfood zu sich nimmt, als wäre es gute Nahrung? Wird sein Verstand durch diesen Ansturm von Zucker, Salz, Fetten und chemischen Zusatzstoffen verändert? Besteht ein Unterschied zwischen sorgfältig produzierten und zubereiteten Nahrungsmitteln und nahrungsähnlichen Produkten, die vom Fließband kommen? Wird der Verstand von Kindern durch Materialien wie Styropor und Karton, in welche Fertigmahlzeiten verpackt werden, beeinflusst?

Was ist mit den flackernden Leuchtstoffröhren in der Schule, dem bleichen Licht von Fernsehern und Computerbildschirmen? Was ist mit der beständigen Strahlung, der wir in der elektronischen Welt ausgesetzt sind? Was sind die Folgen des Termindrucks, dem Druck zu lernen und zu leisten, dem wir Kinder beständig aussetzen? Was ist mit den hitzigen Auseinandersetzungen, die streitende Eltern haben, oder einer Scheidung, wenn diese des Streitens müde sind? Verändert sich dadurch etwas in der Chemie des Gehirns?

Wenn wir Kinder einem beständigen Informationsfluss aussetzen und deren geistige Tätigkeit dauernd anregen, wenn wir technische, finanzielle, sportliche und gesellschaftliche Erfolge honorieren und von allem anderen keinerlei Notiz nehmen, was mag das in den kleinen Gehirnen auslösen?

Und versäumen wir es nie, die Kinder über Drogen aufzuklären: «Sag einfach nein.» «Sei mutig, sei drogenfrei.» Daneben belohnen wir unsere Kinder, indem wir ihnen gestatten, sich sportliche Wettkämpfe in Stadien anzusehen, die nach Biermarken benannt sind.

Sind die Kinder in der Schule überaktiv? Ein wenig Amphetamin wird hier Abhilfe schaffen. Sind die Kinder in der Schule deprimiert? Auch dagegen gibt es Drogen. Gute Drogen. Keine schlechten Drogen. Außer, es liegt keine ärztliche Verschreibung vor.

Die gesamte Umwelt ist eine Droge. Alles ist Nahrung für den Geist. In der Tat: Du bist, was du isst.

Den Unglauben teilen

Eine Mischung, die man nicht schüttelt,
wird bald schal. Heraklit

Wenn wir an die freie Marktwirtschaft glauben, können wir ohne weiteres auch daran glauben, unsere Kinder darauf vorbereiten zu müssen, sich in der Welt des freien Marktes zu bewähren. Sie werden genauso eine Ware sein wie alles weitere in dieser Welt, und warum sollten sie es nicht schaffen, die beste Ware zu werden, die sie sein können. Hervorragende Leistungen werden durch gesteigerten Marktwert belohnt. Solange wir's glauben.

Dem, was wir in den Zeitungen und Zeitschriften lesen, glauben wir nur bedingt. Erst recht ist den TV-Nachrichten nicht zu trauen, denn die Informationen, die es in diesen Absatzkanal geschafft haben, sind bereits so sehr verdreht, dass uns schwindelt. Wir wissen, dass jene, die in den Medien groß herauskommen, entweder die besten Lügner oder Leute mit Beziehungen sind, wohingegen wir jene, die ans Kreuz geschlagen werden, für schlechte Lügner halten, für schuldig oder auch für beides.

Auch den Wissenschaftlern vertrauen wir nicht mehr. Wohl gab es Zeiten, als wir das taten. Sie versprachen uns für die Zukunft eine vernünftige Welt, die auf Forschung und Objektivität beruhte. So erfuhren wir, dass Fett in der Nahrung schlecht für die Gesundheit sei. Dann wurde entschieden, dass manche Arten von Fett gut seien. Fortan gab es gutes Fett und schlechtes Fett. Inzwischen werden erste Versuchsballone gestartet, um mehr über die Nachteile fettarmer Diäten herauszufinden.

Wissenschaftler streiten viel, und ständig sind sie anderer Meinung. Schon länger haben wir den Verdacht, dass sie gar nicht so sachlich und vernünftig sind, wie sie behaupten. Manche von ihnen glauben sogar an Gott.

Wir glaubten an Mediziner. Doch heutzutage verkommt die Medizin zusehends zu einem Anhängsel von profitorientierten Unternehmerinteressen, und wir wissen, dass Harvard-Absolventen, welche Gesundheitszentren leiten, wenig Zeit an Mitgefühl verschwenden. Außerdem haben die Ärzte mit einem Mal entschieden, für die Beschneidung gebe es keine medizinische Grundlage – das tut echt weh.

In der Zwischenzeit werden von den Universitäten die Studienplätze in Medizin beschränkt, um auf die Weise dem Sinkflug der ärztlichen Einkommen entgegenzuwirken – manch ein Arzt soll doch tatsächlich ein Jahreseinkommen von unter sechs Stellen aufweisen. Um diesen Angriff auf ihre Einnahmen zu kontern, werden von den Spital-Konglomeraten Ärzte durch ärztliche Assistenten ersetzt, die ärztlichen Assistenten wiederum durch Krankenschwestern, Krankenschwestern durch Hilfspfleger, und Hilfspfleger dadurch, dass die Patienten sich gegenseitig in Rollstühlen herumschieben und die eigenen Nachttöpfe leeren.

Ein Arzt, eine Krankenschwester und ein HMO-Verwalter standen vor dem Himmelstor und warteten auf Einlass.

Zunächst sprach Petrus mit dem Arzt. Der erklärte ihm, er habe alles in seiner Macht Stehende getan, um Kranken zu helfen. Petrus hieß den Arzt willkommen.

Dann kam die Krankenschwester an die Reihe. Sie sagte, sie habe alles getan, um den Arzt in der Pflege der Patienten zu unterstützen. Auch ihr wurde im Himmel ein Platz zugewiesen.

Am Schluss war die Reihe am Verwalter eines Behandlungszentrums. Der erklärte, seine Arbeit stets nach amerikanischen Prinzipien erledigt zu haben, indem er nach maximaler Wirtschaftlichkeit strebte und den Gewinn des Unternehmens im Auge behielt. Petrus dachte eine Weile nach, dann sagte er: «In Ordnung, auch du kommst in den Himmel, aber bleiben kannst du bloß drei Tage.»

Nun wird dieses betriebswirtschaftliche Modell langsam auch in öffentlichen Schulen übernommen, und die Begriffe «Ausbildung» und «wirtschaftliche Effizienz» werden so zueinander in Beziehung gebracht, dass sie als unentwirrbar verbunden erscheinen. Der Begriff «Privatisierung» wird verwendet anstelle des weitaus zutreffenderen Ausdrucks «Aussicht auf den Transfer von Milliarden an öffentlichen Geldern zu privaten Konzernen». Von Gewinnexperten werden Schulen als Fabriken betrachtet, und die Ausbildung von Kindern gilt als Produkt, das rationalisiert, gemessen und für den Markt bewertet werden soll, wie so viele andere Gebrauchsgüter auch. Leistungsschwache Schulen werden von Bildungskonzernen übernommen, worauf vorgefertigte Lehrpläne eingeführt werden, die strikt auf Prüfungen vorbereiten und weder den Interessen der Schüler noch denen der Lehrer Rechnung tragen. Damit sollen Ergebnisse erzielt werden, die neue Aufträge und damit mehr Gewinn einbringen. Von anderen Unternehmen werden internetbasierte Lehrmittel entwickelt mit vorgekauten Informationshäppchen, welche mit religiösem Eifer löffelweise an Kinder von 5 bis 18 Jahren zu verabreichen sind, die damit exakt den Stoff lernen, den sie zu beherrschen haben. Dies alles kommt einher mit freudigem virtuellem Glückwunsch, wenn der Schüler etwas erlernt hat, und mit einem Maß an Beziehungsfähigkeit, das ausreicht, um einen Computer hochzufahren. Wieder andere Unternehmen statten Schulen kostenlos mit Fernsehern aus, deren Kabelverbindungen zum Hauptsitz des Unternehmens führen, von wo aus Bildungsprogramme gratis direkt ins Klassenzimmer eingespeist werden. Allerdings wird dabei gleichzeitig Werbung für Produkte eingeblendet, aber das sind ja lauter Produkte, für die sich unsere Kinder ohnehin brennend interessieren.

Alle diese Konzerne kämpfen um ihren Anteil an der mehrere Milliarden schweren Bildungsindustrie. Spezialisierte Firmen wie Nickelodeon und Disney streiten sich um die Gunst von Kleinkindern, einer Bevölkerungsgruppe, die mehr TV konsumiert als jede andere. Channel One, Edison und weitere Bildungsunternehmen haben es auf Kinder im Schulalter abgesehen. Zweifellos wird die Zukunft so aussehen wie die Entwicklung, welche der Markt an pädagogischen Lehrbüchern bereits hinter sich hat: eine Phase der Konsolidierung, während der die eine Firma die andere aufkauft, bis nur noch eine Handvoll Unternehmen übrig bleibt, welche die Ausbildung unserer Kinder kontrolliert.

Natürlich wird das auf effiziente und Gewinn bringende Weise geschehen. Es wird den Anschein machen, als ließe sich dadurch das Leistungsniveau der Schüler steigern, weil sich die Prüfungsergebnisse auf diese oder jene Weise verbessern werden. Und Prüfungsergebnisse, davon sind wir ja überzeugt, sagen uns, wie unsere Kinder vorankommen. Zumindest machen uns das jene Unternehmen glauben, welche Dienstleistungen rund um das Prüfungswesen zu verkaufen haben.

Die großen Institutionen unserer Kultur, die Pfeiler unseres Glaubens an Sinn und Auftrag unserer Gesellschaft, Bildung, Wissenschaft, Medizin, Presse, sie geraten durch das unerbittliche Streben nach Wirtschaftlichkeit und Rendite gewaltig unter Druck. So sehr, dass am Ende womöglich nichts weiter übrig bleibt als der Glaube an Wirtschaftlichkeit und Rendite. Immerhin hat uns dieser Glaube die beste aller möglichen materiellen Welten beschert.

Sofern wir daran glauben.

Doch das tun wir nicht.

Wir wissen, dass der Austausch von Informationen sämtliche Meinungen abdecken soll, dass Wissenschaft dazu da ist, in einem Geist der Unvoreingenommenheit alles zu erforschen, und dass die Medizin dazu da ist, zu heilen, und das als Ausdruck von menschlichem Mitgefühl. Und wir wissen, dass Bildung eigentlich bedeutet, unsere gesammelte Weisheit liebevoll an die heranwachsende Generation weiterzureichen, was nicht notwendigerweise wirtschaftlich sinnvoll oder rentabel zu sein braucht. Wirtschaftlichkeit und Profitstreben sind Prinzipien der Geschäftswelt. Sie mögen gesellschaftliche Vorhaben begleiten, doch die treibende Kraft dahinter sind sie nicht. Wissen wir das? Ich denke ja. Warum nur drücken unsere Institutionen dann etwas aus, woran wir nicht glauben, statt dass sie eine Ansicht ausdrücken, von der wir wissen, dass sie uns und unser Leben rundum wiedergibt?

Vielleicht können wir damit im eigenen Leben beginnen und zulassen, dass unser Leben etwas weniger effizient, etwas weniger profitorientiert und weniger materiell ausgerichtet abläuft. Vielleicht bereiten wir damit der heranwachsenden Generation einen Weg, auf dass deren Kinder eine Welt erleben, die so grundsätzlich anders ist als die unsere. Auf dass jene Kinder im Rückblick dereinst nicht verstehen werden, wie es jemals zu einer derart fragmentierten Welt überhaupt hat kommen können. Mögen wir diesen Unglauben bereits heute mit ihnen teilen.

Das Herz des Lernens

Trau keinem über drei

Die unausgesprochene Kenntnis, über die ein Kind im Vorschulalter in Sachen Grammatik verfügt, ist höher entwickelt als die umfangreichste Stilistik oder das modernste Computerprogramm für Sprachen.
Steven Pinker

Wer Zeit mit kleinen Kindern verbringt, weiß, dass sie in einem Alter sind, in dem unerbittlich alles erforscht wird. Die Welt mit drei Jahren ist frisch und unverbraucht, wenn auch mit leichter Schlagseite. Mit drei sind die großen Fragen einfach, und sie laufen allesamt auf diese eine, simple Frage hinaus: «Warum?»

Als Erwachsene, die Zeit mit diesen kleinen Fragemaschinen verbringen, sehen wir unsere Aufgabe oft darin, Antworten zu erteilen. Doch unsere Rolle als Instanz, die über sämtliche Antworten verfügt, wird bald einmal lächerlich, sobald Fragen auftauchen, auf die wir keine Antwort haben, oder durch unsere wachsende Verzweiflung über die scheinbar unendliche Neugierde, und durch den Druck, den wir empfinden, endlich etwas zu Ende zu bringen.

«Zieh bitte deine Socken aus.»
«Warum?»
«Weil sie nass sind.»
«Warum?»
«Weil du in eine Pfütze getreten bist.»
«Warum?»
«Weil du es wolltest.»
«Warum?»

«Zieh jetzt endlich deine Socken aus.»

Und selbstverständlich geht es den ganzen Tag lang so weiter, jeden Tag.

Oft halten wir dieses Verhalten eines Dreijährigen fälschlicherweise für das Verhalten einer Person, die nach Antworten sucht. Denn meist haben wir vergessen, worum es in diesem Zustand tief schürfender Neugierde tatsächlich geht. Als Erwachsene bewohnen wir eine begreifbare Welt, deren Abläufe sich mit verhältnismäßiger Gewissheit voraussagen lassen. Also nehmen wir an, das sei es, wonach ein Kind sucht.

Gerade darum ist Leuten über drei nicht zu trauen.

Kleine Kinder sind einfach neugierig. Etwas zu lernen, vermag ihr Interesse nicht dauerhaft zu befriedigen. Ihr Wissensdurst lässt sich mit Antworten nicht stillen. Sie wollen mehr erfahren, ungeachtet dessen, was sie bisher herausgefunden haben. Die Frage in ihrem Leben *ist* ihr Leben.

Wir können ihre Frage nicht beantworten.

Wir können uns ihrer Frage jedoch anschließen. Das würde von uns verlangen, unsere sämtlichen Antworten aufzugeben. Darüber mag uns die Zeit verloren gehen. Vielleicht bringen wir heute nichts fertig. Vielleicht ist die Frage an sich sinnlos. Vielleicht ist die ganze Sache völlig zwecklos, wie ein Spiel ohne Auswertung, ohne Ergebnis, ohne … Gewinner.

Vielleicht ist es an der Zeit, ein Spiel mit einer Struktur einzuführen, mit Regeln und Wettkampf. Schließlich ist es doch das, was die Kinder draußen im Leben erwartet. Wozu sollen sie so viel Zeit damit verschwenden, einfach nur zu spielen?

Wir können ihnen auch beibringen, dass es auf die meisten Fragen eine Antwort gibt, und wenn es keine gibt, ist es Zeit, sich etwas anderem zuzuwenden als dieser Fragerei ohne Ende. Mit der Zeit können wir sie dazu bringen, sich weniger zu wundern, die Fragerei bald einmal aufzugeben und Antworten als Erklärungen zu akzeptieren. Damit werden sie solide darauf vorbereitet sein, zur Schule zu gehen. Nach der Schule werden sie in ein produktives Leben eintreten. Und wir mögen uns wieder dem zuwenden, was wir vorher taten, was doch zweifellos etwas recht Wichtiges war.

Was passiert, wenn wir die kindliche Fragerei fördern statt sie zu ersticken? Was für ein Potenzial hat ein Kind, dessen Neugier keine Grenzen kennt? Was wird dann aus uns als Eltern? Was wird aus unseren Antworten? Was wird aus unserer Welt?

Wir scheinen uns vor den eigenen Kindern und ihrem unnachgiebigen Drang, zu entdecken, ihrer uneingeschränkten Energie und ihren klaren Augen zu fürchten. Sind diese Qualitäten in unserem eigenen Leben derart vollständig verloren gegangen, dass wir ihren Wert vergessen haben? Wird die Welt, wie wir sie errichtet haben, einem staunenden Blick standhalten?

Wenn wir uns dem Forscherdrang in unseren Kindern und in uns selber nicht hingeben, wenn wir unsere Kinder mit Antworten abspeisen, die wir bereits für uns gefunden haben, bleiben wir zurück mit der einfachen Frage:

Warum?

Um dieser Frage in uns selber nachzugehen, können wir ein Experiment wagen. Es ist hilfreich, dafür gut ausgeschlafen zu sein. Wir setzen uns in Verbindung mit Freunden, die ein kleines Kind, oder, noch besser, mehrere kleine Kinder haben. (Wer selber Kinder hat, kann dieses Experiment überspringen – Sie haben Ihr eigenes Experiment bereits laufen. Schlafen Sie einfach aus.) Wir verbringen einen ganzen Tag mit dem Kind oder mit den Kindern, und das tun wir nicht als erwachsener Aufseher, sondern als Spielgefährte. Spielen wir ohne Vorbehalt! Spielen wir, während wir eine Zwischenmahlzeit zubereiten, spielen wir beim Mittagessen.

Einfach spielen.

Alles in der Umgebung wird Teil des Spiels. Eine Welt außerhalb der unmittelbaren Umgebung gibt es nicht. Ebenso wenig gibt es komplexe Beziehungen. Auch Rechnungen, die darauf warten, bezahlt zu werden, gibt es nicht. Was es gibt, ist einzig das Spiel.

Finden wir diese formlose Art von Vergnügen erheiternd, ermüdend, oder beides zugleich? Neigen wir dazu, Regeln zu geben? Suchen wir im Spiel nach einem Sinn? Wollen wir damit etwas erreichen? In welcher Gemütsverfassung sind wir, wenn der Spieltag vorbei ist? Wie stellt sich nun die Welt des Erwachsenen dar? Und wie sieht daneben die Welt des Kindes aus? Versuchen wir es eine Stunde lang oder einen ganzen Tag. Wenn es uns damit wirklich Ernst ist, dann versuchen wir es für den Rest des Lebens. Fragen wir uns selber: «Warum?» Beantworten wir die Frage nicht. Hören wir nicht auf, die Frage zu stellen.

Das tiefgründige Wissen, nicht zu wissen

Die eigentliche Ursache der Probleme sind die Lösungen. Milton Berle

Als Sokrates vor der Schwierigkeit stand, bestimmen zu sollen, welcher Philosoph seiner Zeit sich das tiefgründigste Wissen erworben hatte, begegnete er dem Wettstreit mit Ironie. Sokrates sagte, er selber sei es, der über das größte Wissen gebiete, denn er wisse, dass er nicht wisse.

Heute befassen wir uns mit Sokrates als einem der hervorragendsten Köpfe der Geistesgeschichte, während die meisten seiner philosophierenden Zeitgenossen im Dunkel der Geschichte entschwunden sind und ihre einst bedeutenden Erkenntnisse nurmehr Gegenstand von Spezialseminarien sind.

Sokrates' Erkenntnis ließ ihn tief in das Wesen des Lernens blicken, was ihn dazu führte, in Dialogen zu kommunizieren und seine Reden auf Fragen aufzubauen. Als einer der bedeutendsten Lehrer aller Zeiten wies Sokrates darauf hin, dass es nichts zu lehren und nichts zu lernen gibt, und dass eine Kenntnis des Lebens in jedem Menschen bereits vorhanden ist. Fragen offenbarten bloß, was bereits bekannt sei.

Zu Sokrates' Zeit scharten Lehrer – sie waren bekannt als «Sophisten» – Schüler um sich, indem sie ihnen beeindruckende Aussichten auf Wissen und ausgeklügelte Philosophien eröffneten, für deren Enthüllungen sie ein Entgelt verlangten. Die Lehrer bekamen ihren Lohn nur, wenn die

Schüler bei ihnen blieben, was dazu führte, dass die Sophisten sich auf langatmige, selbstbewusste Reden kaprizierten, in denen sie die logische Beweisführung darauf verwandten, so ziemlich alles zu belegen. Geblieben ist uns von ihnen der Begriff Sophisterei, was so viel heißt wie Spitzfindigkeit oder trügerische Beweisführung. Der Schatten der Sophisten lastet noch heute auf dem Bildungswesen.

Sokrates stellte seine Größe auf zusätzliche Weise unter Beweis, indem er jedweden Lohn für seinen Unterricht ablehnte und fortfuhr, die Aufrichtigkeit und Rechtschaffenheit der Sophisterei in Frage zu stellen. Für seine Unverfrorenheit wurde Sokrates schließlich hingerichtet, was ein deutlicher Hinweis darauf ist, dass jene Leute, welche die Macht in ihren Händen halten, es nicht mögen, wenn zu viele Fragen gestellt werden.

Jahrtausende darauf hallen Sokrates' Fragen und sein Tod noch immer in unserer Kultur nach. Unsere Bildungsinstitutionen heute haben vergessen, wie wichtig Fragen sind, und sie fördern neue und vielschichtige Formen der Sophisterei. Und die Machthaber machen nach wie vor deutlich, dass sie an Fragen nicht interessiert sind.

Obwohl es nur wenige Menschen gibt, die ernsthaft behaupten würden, unser System der öffentlichen Schulbildung schlage nicht fehl, gibt es weit weniger Menschen, die darauf hinweisen, dass dieses Versagen hauptsächlich daher rührt, dass Fragen unterdrückt werden. Die Debatten drehen sich darum, ob der Staat sämtliche Schulen oder bloß die öffentlichen Schulen unterstützen soll, ob Lehrpläne umfassend sein sollen oder bloß ein Grundwissen zu vermitteln sei, ob der Unterricht darauf auszurichten sei, gute Resultate zu erzielen, oder ob es darum gehe, das Selbstbewusstsein von Kindern zu fördern. All diese Debatten ereignen sich noch immer im Reich der Sophisterei, und sie werden geführt von jenen, die Wissen als Früchte ihrer ausgeklügelten Philosophien versprechen und deren Macht und Einkommen darauf gründen, was für eine Haltung sie in der aktuellen Auseinandersetzung einnehmen.

Was, wenn sie alle nicht Recht haben? Was, wenn das Problem der Bildung darin liegt, dass sich Bildung der Frage in den Weg stellt? Was, wenn es so etwas wie ein Zuviel an Fragen gar nicht gibt? Was, wenn Sokrates Recht hatte?

Wenn Sokrates Recht hat, dann ersetzt die Frage den Lehrer, die Schule und die Lehrmittel. Der gesamte Aufbau unseres Bildungssystems verfehlt seinen Zweck. Wo es ein Bedürfnis gibt, etwas zu lernen, gibt es kein Bedürfnis, etwas zu lehren. Wo echte Fragen sind, braucht es keine Antworten. In einem Bildungssystem, das auf Fragen beruht, kann es keine Lehrpläne, keine Klassenarbeiten und keine Prüfungen geben, denn Fragen sind stets offen, unvoreingenommen und grenzenlos.

Fragen sind lebendig, Antworten nicht. Vielleicht ist das der Grund dafür, dass Schulen versagen. Sie stecken voller Antworten. Fragen, die zu diesen Antworten passen, werden gefördert, geprüft und belohnt. Fragen, die nicht zu diesen Antworten passen, werden geahndet, mit Drogen niedergehalten oder ausgetrieben.

Unser öffentliches Bildungssystem ist dazu da, Arbeitsstellen mit Fachkräften zu besetzen. Fragen zu stellen, bringt das Fließband ins Stocken, daher werden von der Bildung Fähigkeiten vermittelt, nicht Kreativität. Die Industrie verlangte einst nach Fachkräften, aber heute ist es nicht mehr klar, ob diese Art von Spezialisten überhaupt noch benötigt werden. Durch Computer und Automatisierung werden monotone Tätigkeiten, die bloß unkritisches Denken voraussetzen, zunehmend ausgemerzt. Der Industrie wird langsam klar, dass ihr kreative Arbeitskräfte fehlen: Entscheidungsträger, Gestalter, Neuerer. Kein Wunder, ist es zu diesem Mangel gekommen, da das öffentliche Bildungswesen nach wie vor auf Grundsätzen aufbaut, welche in die Zeit seiner Entstehung während der Industriellen Revolution zurückreichen. Heute sind wir im Informationszeitalter, und bereits rasen wir auf etwas Neues zu. Die Zeitalter werden kürzer und dichter. Während das Industriezeitalter mehrere hundert Jahre dauerte, wird sich das Informationszeitalter in Jahrzehnten messen lassen. Maschinen sind zum Kernelement der Industrie geworden, und die Maschinen sind eindeutig besser darin, Informationen zu speichern und zu ordnen. Nun stecken wir in einer schmalen Zeitspanne, in der die schöpferische Intelligenz noch immer ein Vorrecht des Menschen darstellt. Doch ist es bloß eine Frage der Zeit, bis sich die Maschinen vielschichtiges Wissen und Antworten aneignen werden, die den unseren überlegen sind. Chips sind schneller, Synapsen arbeiten langsam.

Wie will unser Bildungssystem auf die Herausforderung reagieren, dass es auf die menschliche Intelligenz bald nicht mehr ankommt? Wir fahren fort, Informationen zu vermitteln, obgleich dieses Spiel für uns bereits gelaufen ist. Das rührt daher, dass man in der Bildung nichts Besseres weiß, was sich vermitteln ließe. Unser Bildungswesen ist überholt. Es weiss dies nur noch nicht. Darüber müsste es unterrichtet werden.

Unterdessen werden die Kreativität, der Forscherdrang und die Entdeckungslust unserer Kinder vom Machtapparat unserer Gesellschaft bildlich gesprochen dafür hingerichtet, dass sie zu viele Fragen stellen. Sokrates erging es nicht anders.

Sokrates würde dazu vielleicht die folgende Frage stellen:

«Muss denn etwas unternommen werden, um Kindern Fragen beizubringen, die sie bereits in sich tragen?»

Spiritualität und Lernen

*Wir alle sind in der Schule dazu erzogen worden,
kein inneres Leben zu haben.* John Gatto

Wir haben akzeptiert, es als Bildung hinzunehmen, wenn kulturelle Konstrukte vermittelt werden; mehr noch, wir fürchten, unseren Kindern stehe ein elendes Leben bevor, sollten sie es verpassen, auf diese Weise in die herrschende Kultur eingeführt zu werden.

Ob es sich um den Bildungskanon der mittlerweile etwas aus der Mode gekommenen freien Künste handelt oder um die Begeisterung für Mathematik und Wissenschaft der schönen neuen Techno-Welt, in jedem Fall gibt ein spezifischer Lehrplan vor, was aus der auszubildenden Person werden soll, und, wichtiger noch, welche Funktion dieser Mensch in der Gesellschaft dereinst wahrnehmen wird.

Die Eltern sorgen sich um ihr Kind und überantworten es den Kräften der Gleichmacherei und des gesellschaftlichen Zusammenhalts. Der Preis dafür ist, dass der kreative und leidenschaftliche Ausdruck des Kindes verloren geht, da er vom Kind im Verlauf der Ausbildung verlernt wird. Dafür erwirbt man sich Sicherheit. Wir fürchten, unseren Kindern stünden Not und Versagen bevor, wenn wir sie nicht auf dieses Programm der Verhaltensveränderung einfuchsen.

Sie würden unangenehm auffallen, und sie wären nicht ausreichend befähigt oder diszipliniert, um sich einzufügen, um produktiv zu sein, eine Stelle zu finden, und so weiter. Wenn Kinder versagen, bedeutet es, dass wir versagt haben. Davor haben sich schon unsere Eltern gefürchtet. Und deren Eltern.

Indem wir unser eigenes Leben – an dem Kinder einen wesentlichen Anteil haben – leidenschaftlich leben, begegnen wir unseren Ängsten, anstatt sie an die nächste Generation weiterzureichen. Wir beginnen, gesellschaftliche Formen zu bilden, die ein Leben der Liebe und des Entdeckens spiegeln: bewusste Lebensgemeinschaften; von Schülern bestimmte Schulen; genossenschaftlich organisierte, sich selbst regulierende, nachhaltig wirtschaftende Unternehmen; biologische Herstellung von Nahrungsmitteln; soziale Hilfe, die auf Beziehungen aufbaut; künstlerische und mediale Ausdrucksformen, die mehr als nur den herrschenden Materialismus darstellen. In einem solchen Leben gibt es selbstverständlich viele Bücher und Computer, Pinsel und Musikinstrumente, Mystiker und Visionäre, und das alles geht einher mit Unternehmern, Künstlern, Wissenschaftlern und Gelehrten. Wie sollte ein Kind in einer Familie, in einer Gemeinschaft, in der das Leben in seiner umfassenden Fülle gelebt wird, es versäumen zu lernen?

Der Unterricht zu Hause mag das Richtige sein, um die Bedürfnisse meines Kindes abzudecken, doch der umfassenderen Frage nach den Bedürfnissen eines jeden Kindes wird er nicht gerecht. Der Unterricht zu Hause mag notwendig sein, weil es für das Wohlergehen meines Kindes keine Alternative gibt, aber es ist immer möglich, diese Alternative für mein Kind und alle anderen Kinder selber auf die Beine zu stellen.

Pragmatisch gesehen ist die Welt, wie sie ist, und nicht, wie wir sie als Ideal beschreiben mögen. Wir sehen uns einer ungewöhnlichen Herausforderung gegenüber, wenn wir sicherstellen wollen, dass unser Leben, das erfüllt sein mag von erzieherischem Reichtum, ein Leben des lebendigen Austauschs ist. Die Gemeinschaft der Lernenden dehnt unsere persönlichen Mittel aus auf die gesamte Gemeinschaft, so dass jedem Kind jene Form von Ausbildung offen steht, für die es sich interessiert. Im Mittelpunkt einer Gemeinschaft der Lernenden befindet sich ein Bildungszentrum, denn unsere Gemeinschaften sind noch nicht imstande, ein natürliches, frei fließendes, ganzheitliches Lernen zu gewährleisten, welches in den Alltag eingebunden ist und ohne Schule auskommt. Vielleicht war das ja die Grundidee unseres öffentlichen Bildungswesens, doch davon sind wir heute Welten entfernt.

Die geistige Erkenntnis, dass alle Formen des Lebens untereinander verbunden sind, drückt sich auf der praktischen Ebene in dem aus, was wir erschaffen, in den Werken, die aus diesem Verständnis heraus erwachsen. Selbst ein Bildungszentrum, das auf Freiheit und Verantwortung beruht, ist nicht vollständig, bevor es nicht nahtlos in der Gemeinschaft von Familien, Unternehmen und Institutionen aufgeht, die es umgeben, genauso wie in der Welt als Ganzem. Vielleicht wird Lernen dereinst gar gänzlich ohne institutionelle Gefäße auskommen und zu seiner natürlichen Verfassung zurückkehren: von Neugierde angetrieben, lebenslang und sämtliche Dimensionen des menschlichen Seins umfassend.

Das alles bleibt theoretisch, außer wenn wir es tatsächlich leben, es vorführen und das, was wir sagen, sich deckt mit dem, was wir tun. Das Experiment des Lebens mag nach einer bestimmten Form verlangen, aber diese Manifestation muss durchlässig sein und sich mit der Welt insgesamt austauschen. Ohne Offenheit wird das Experiment schal und ist nur noch mit sich selber beschäftigt. Zweifellos kann es uns gelingen, eine Seifenblasenwelt für uns und jene, die uns nahe sind, zu erschaffen, vor allen Dingen für unsere Kinder. Ganzheitlich betrachtet, wäre das aber weder eine Gemeinschaft noch wäre es erzieherisch wertvoll. Eine abgeschottete alternative Welt ist bloß die Schattenseite der herrschenden Kultur und damit nichts als ein Teil von ihr. Ein Leben, das der unablässigen Nachforschung und dem offenen Lernen gewidmet ist, verlangt danach, alles zu erforschen und mit allem in Verbindung zu treten, gerade so, wie es ist.

Wir alle haben die Fähigkeit, inmitten der zehntausend Dinge dieser Welt still zu sein, einfach deshalb, weil sämtliche Dinge tatsächlich miteinander verbunden sind – nicht durch die unzähligen Erscheinungen an sich, sondern durch das Bewusstsein, das wir teilen. Statt jene Dinge auszulesen, die gefallen, und jene, die nicht gefallen, zu vermeiden, ist es unserem Bewusstsein möglich, sich durch alle Erscheinungen des Lebens zu bewegen und jene Art von Wandel oder Integration hervorzubringen, die gerade ansteht. Wer wagt es, die künstliche Welt der gefahrlosen Spiritualität zu verlassen und ein Leben des leidenschaftlichen Forschens und des pragmatischen Anwendens der Ergebnisse aus diesen Nachforschungen zu führen? Das ist die große Herausforderung, vor der wir stehen, nicht bloß für unsere Kinder, sondern für uns alle, und für die Gesamtheit des Lebens.

Das Herz des Lernens fördern

> *Es ist eigentlich wie ein Wunder, dass der moderne Lehrbetrieb die heilige Neugier des Forschens noch nicht ganz erdrosselt hat; denn dies delikate Pflänzchen bedarf neben Anregung hauptsächlich der Freiheit; ohne diese geht es unweigerlich zugrunde. Es ist ein großer Irrtum zu glauben, dass Freude am Schauen und Suchen durch Zwang und Pflichtgefühl gefördert werden könne. Ich denke, dass man selbst einem gesunden Raubtier seine Fressgier wegnehmen könnte, wenn es gelänge, es mit Hilfe der Peitsche fortgesetzt zum Fressen zu zwingen, wenn es keinen Hunger hat, besonders wenn man die unter solchem Zwang verabreichten Speisen entsprechend auswählte.* Albert Einstein

Ganzheitliche Bildung bedeutet nicht nur, dass das Kind von Erwachsenen lernt; sie bedeutet, dass das Kind von anderen Kindern lernt, dass ein Kind Erwachsenen etwas beibringt, dass die Eltern von den Lehrern der Schule lernen, dass die Lehrer von den Eltern lernen. Kinder sind kreativ; sie sind dabei, Weisheit zu sammeln. Erwachsene haben zu oft ihre Kreativität verloren und es aufgegeben, ihre Weisheit zu leben. Lernen erfolgt wechselweise in alle Richtungen und in sämtlichen Dimensionen unseres Seins, im Intellekt, im Gemüt, im Körper und im Geist.

Es ist ja nicht so, dass ein Kind von Erwachsenen nichts zu lernen hätte, aber es ist entscheidend, wie dieser Lernprozess geschieht. Es reicht, wenn Erwachsene Kinder nicht zerstören, die Entdeckungen können wir getrost dem

Kind überlassen. Wenn der Lernprozess erzwungen wird, lernt es bloß noch etwas über das Funktionieren der Macht, und die Zerstörung nimmt ihren Lauf.

Wir können keinen Menschen vor den Schwierigkeiten bewahren, ein Mensch zu sein. Damit hat sich jeder auseinander zu setzen, und jeder steht vor der existenziellen Frage, worum es in seinem Leben und im Leben an sich geht. Geht es grundsätzlich um Materie? Geht es bloß darum, sämtliche Besitztümer zu erwerben, die man erwerben kann? Kein anderer kann die Frage deines Lebens für dich beantworten. Jeder Mensch, jedes Kind – und vergessen wir nicht, dass Kinder Menschen sind – muss diese Frage für sich beantworten, muss seiner Antwort gemäß leben, und seine Antwort wieder in Frage stellen. Unter allen Lebensumständen wird es Kinder geben, welche diese Frage beantworten werden mit «Ja, ich will so viele Sachen haben, wie ich nur kriegen kann». Das ist ihre Form der Entdeckungsreise, genauso gültig, wie wenn jemand sein Leben nach anderen Werten ausrichtet.

Eine innere Intelligenz macht sich bemerkbar, wenn Kinder lernen, Entscheidungen selber zu treffen, wenn sie versagen oder erfolgreich sind. Wenn sie die Freiheit haben, steht es ihnen dann nicht auch frei, andere da um Hilfe zu bitten, wo sie auf ihren Erkundungsgängen Hilfe brauchen? Werden sie sich dann nicht an jene wenden, die Experten sind, weil sie ein bestimmtes Wissensgebiet gemeistert haben?

Ein Mentor, ein Handwerksmeister, ein Künstler oder ein Forscher kann etwas auf völlig neue Weise vermitteln. Die leidenschaftliche Fachfrau lehrt, indem sie Freude und Hingabe ausstrahlt an das, was sie gerne tut. Ein Lernender kann dann sagen: «Ich interessiere mich für diese bestimmte

Technik, jene Kunstfertigkeit oder dieses Gebiet, und du besitzt einige Schlüssel dazu. Das möchte ich gerne lernen; wie gehe ich am besten vor, um diese Fertigkeit zu erwerben?»

So beginnt ein wechselweiser Austausch von Wissen, ein Prozess, der beiläufig Weisheit mit sich bringt. Schließlich gehört es zu den wesentlichen Aspekten einer Ausbildung, zum Träger des Wissens eine Beziehung herzustellen, diesem mitzuteilen, dass man etwas erfahren will, eine gegenseitige Übereinkunft auszuhandeln und die Vereinbarungen und Anforderungen zu erfüllen.

Die Beteiligten legen die Bedingungen fest, unter denen Wissen vermittelt wird. So sage ich vielleicht: «Ich möchte jeden Montagnachmittag hierherkommen und lernen, Geige zu spielen.» Worauf du sagst: «In Ordnung, das kannst du tun, aber du musst jede Woche mindestens fünf Stunden üben. Wenn du nicht übst, habe ich keine Lust, mir Zeit für deinen Unterricht zu nehmen.» Womit wir eine Vereinbarung haben. Nun lerne ich von dir, bis ich herausgefunden habe, was ich von dieser Erfahrung zu lernen brauche. Das ist für Lehrer und Schüler eine wesentlich andere Erfahrung als «es ist Zeit, dass du Geige spielen lernst. Ich habe auch Geige spielen gelernt, als ich sieben war, außerdem wird es dir gut tun und deine rechnerischen Fähigkeiten verbessern.»

Wenn man einem Menschen begegnet, der auf seinem Gebiet ein Meister ist, und ist man an diesem Gebiet interessiert, wird man sich ganz selbstverständlich diesem Meister anvertrauen, weil man einsieht, dass er oder sie etwas kann und weiß. Ob es sich um ein Handwerk, eine intellektuelle Tätigkeit oder um ein Fach handelt, spielt keine Rolle. Es stellt sich ein bestimmtes Einverständnis ein, wenn die

Beziehung zum Mentor und zum Lernprozess entsteht und wir Verantwortung fürs Lernen übernehmen. Das zeigt sich äußerlich als Diszipliniertheit, doch diese Haltung beruht auf einem inneren Antrieb und dem Verständnis, dass ich das erreichen will, was diese Person verkörpert.

Wie lässt sich das übertragen auf die Disziplin, die es braucht, um eine Sportart, ein Musikinstrument oder ein Handwerk zu erlernen? In diesem Fall erwächst die Disziplin aus der Beziehung zwischen Lehrling und Meister. Das tief empfundene Interesse des Lernenden und die Liebe des Meisters zu seiner Kunst verbinden sich, und daraus entsteht die nötige Disziplin. Wenn diese Komponenten da sind, ergibt sich Disziplin naturgemäß als Folge einer Vereinbarung. Mit dem Drang, etwas zu erlernen, kommt die Leidenschaft, kommen Hingabe und Konzentration, und daraus ergibt sich die Beziehung zum Meister. Wenn ein Schüler ohne diese Elemente zu einem wahren Meister geht, wird dieser Meister seine Zeit hier nicht verschwenden, da der Schüler nicht bereit ist, weil es ihm an Leidenschaft und Konzentration mangelt und er das eigene Bedürfnis nach diesem Fach nicht versteht.

Selbstredend muss der Meister ein wahrer Meister und kein Scharlatan sein. Er muss eine tiefe Freude an seinem Handwerk, seiner Kunst oder seiner Sparte der Forschung empfinden. Er muss erkennen, dass die Leidenschaft des Schülers der zweite Pol ist, mit dem er die Elektrizität des Lernens erzeugt. Es handelt sich also nicht um eine Beziehung der Macht, sondern um eine Beziehung der Übermittlung, in der menschliches Wissen, menschliche Fähigkeiten und Weisheit wie eine stete Flamme von einer Generation an die nächste weitergereicht wird. Diese Flamme gehört niemanden, niemand hat sie erzeugt, und niemand hat sie unter Kontrolle.

Übermittlung kann durch einen Menschen, durch ein Buch oder durch eine Erfahrung geschehen. Es mag Musik sein oder ein Sonnenuntergang – irgendetwas Beliebiges, da es damit zu tun hat, dass innen und außen verschmelzen und dieser Prozess auf einer Art von Elektrizität beruht, die durch mich strömt und mich von dem, was ich war, verwandelt in das, was ich bin. Nun bin ich der Hüter dieser Flamme, jederzeit bereit, sie weiterzureichen, wenn sich eine entsprechende Konstellation ergibt. Wenn wir in der Freude des Lernens leben, sind wir alle Meister und Schüler, Zauberer und Lehrlinge.

Wo das Feuer der Leidenschaft brennt, etwas zu lernen, wo wir fähig sind, uns die erforderlichen Lehrmittel ohne Verzug zu beschaffen, was wollte uns dann noch aufhalten, den entsprechenden Meister oder Mentor zu finden? Wenn dieser Mensch den Unterschied kennt zwischen Indoktrination und Lernen, werden wir lernen. Das ist es, was wahre Meister tun: sie bringen uns bei, was sie wissen, und dann setzen sie den Schüler vor die Tür: «Das war's. Nun hast du alles erhalten, was ich zu geben habe – geh jetzt!» Sie erlauben uns nicht, in der eingespielten Beziehung zu ihnen zu verharren. Denn wir haben uns mit dem, was wir gelernt haben, noch nicht restlos vertraut gemacht, bevor wir nicht aus dem Schatten des Meisters treten und schließlich das, was wir gelernt haben, unsererseits wieder an andere weitergeben.

Ein Lernfeld hat uns Zugang zum Wissen zu bieten und dann den Weg zur Tür zu weisen. Eine der grundlegenden Schwächen der meisten Schulen liegt darin, dass sie Informationen zugänglich machen, Informationen zugänglich machen und Informationen zugänglich machen, aber uns im übertragenen Sinne den Ausgang oder die Tür nicht weisen. Kinder mögen zwar lernen, doch selten bekommen sie die Gelegenheit, mit den Kenntnissen, die sie sich angeeignet haben, zu experimentieren und sie in Wissen und Weisheit umzuwandeln.

Die Anleitung eines Mentors vermittelt Grundlagen, und zugleich ermöglicht sie den Durchbruch. Durchbrüche gelingen jenen Menschen, die es wagen, die bekannten Bahnen zu verlassen. Zu häufig beschränkt sich Bildung darauf, Informationen zu übermitteln, statt den Funken der Kreativität zu entfachen, welcher Informationen als Werkzeug verwendet. Der Mentor vermittelt, was bereits bekannt ist, muss aber auch offen sein für das, was sich daraus ergibt und für das Mysterium, das damit einhergeht. Die Grundlagen sind schnell gelernt, wenn das Interesse dafür vorhanden ist, und jedes Lernfeld lässt sich so gestalten, dass die Grundlagen jederzeit zugänglich sind, sobald Lernende ihrer bedürfen.

Wo ein Mentor fehlt, schlüpft ein Lernender, der auf sich selbst gestellt ist, automatisch in die Rolle eines Forschers, und er experimentiert so lange, bis er es auf seinem Gebiet zur Meisterschaft bringt. Er forscht in Büchern, was andere auf dem Gebiet herausgefunden haben, und er tauscht sich mit anderen Schülern aus, die seine Begeisterung teilen. Andere Schüler haben vielleicht eine Leidenschaft für Schach, für Trigonometrie, Wachsfiguren oder chinesische Lyrik.

Eine Gemeinschaft des Lernens verschafft Zugang zu einer breiten Auswahl an Mentoren. Wenn ich Schlagzeuger, Schriftsteller, Ingenieur oder Maurer werden will, gibt es einen Mentor, der bereit ist, mit einer Gruppe von motivierten Schülern zu arbeiten, und es gibt Schüler, die kundtun, dass sie etwas lernen wollen, und die bereit sind, auch die anstrengenden Seiten des Lernprozesses auf sich zu nehmen. Wenn ich auf eigene Faust lernen will, wie man mauert, steht es mir natürlich frei, mit einem Haufen Backsteinen und Mörtel zu experimentieren. Vielleicht entsteht dabei eine schiefe Mauer, aber ich werde lernen, wie man experimentiert und wie man lernt.

Jene, die das interessiert, können in gemeinsamer Anstrengung Unterrichtsstunden auf die Beine stellen. Vielleicht gestalten sie den Unterricht ja auf althergebrachte Art und Weise, indem sie einen Lehrer finden, einen Dozenten – wer weiß, womöglich einen unversöhnlich fordernden Pauker. Mit ihrer Leidenschaft werden sie die Ansprüche dieses Lehrers zufrieden stellen, und das wird dazu führen, dass gelernt wird. Es wird dieses Interesse sein, welches die scheinbar konventionelle Art von Unterricht in etwas Lebendiges, ja Magisches verwandeln wird.

Der Mentor braucht kein Zauberer zu sein, er muss bloß das Interesse am Lernen verstehen. Die Befähigung des Mentors liegt darin, dass er es Lernenden ermöglicht, diese Leidenschaft und das Lernen als steten Umstand des Lebens für sich zu entdecken.

Lebendige Gemeinschaften

Die lebendige Schule

Es ist gut möglich, dass ein freier Dialog zu den wirkungsvollsten Methoden gehört, um jene Krise zu untersuchen, in der sich die Gesellschaft und in der Tat die Menschheit als Gesamtes und das Bewusstsein heute befinden. Darüber hinaus könnte es sich erweisen, dass diese Form des freien Austausches von Ideen und Informationen von grundlegender Bedeutung ist, um unsere Kultur zu transformieren und sie von falschen Informationen zu befreien, damit Kreativität freigesetzt werden kann.
David Bohm

Statt es hinzunehmen, dass Bildungsinstitutionen zunehmend zentralisiert werden und sich der Staat und profitorientierte Unternehmen immer mehr ins Bildungswesen einmischen, wie es heute geschieht, könnten wir auch darauf beharren, nicht nur die Schulen, sondern auch unsere Kinder in der unmittelbaren Umgebung zu belassen.

Damit sie lernen können, brauchen sich Kinder nicht unbedingt an einen bestimmten Ort zu begeben. Kinder lernen, wo immer sie sind, sei es zu Hause oder in einer Gemeinschaft außerhalb. Das Zuhause und die Gemeinschaft – die Ansammlung aller Haushalte, Arbeitsplätze, Unternehmen und öffentlichen Einrichtungen – könnten zusammen die Schule ausmachen. Was dazu noch fehlt, ist, dass die Eltern und die weiteren Mitglieder einer Gemeinschaft ihr Zuhause in etwas verwandeln, das mehr ist als bloß ein Ort, an dem gegessen und geschlafen wird, und dass sie die Gemeinschaft, in der sie leben, als Ausdrucksform von Beziehungen statt als Feld von Tätigkeiten gestalten. Mit anderen Worten gesagt, braucht es eine einfache Sache: den vollständigen Umbau unserer Gesellschaft, ihrer Werte und ihrer Struktur.

Eigentlich sollte das kein Problem sein. Wir sind motiviert. Wir lieben unsere Kinder, und wir wollen das Beste für sie. Und die meisten von uns hätten nichts dagegen, selber ebenfalls ein erfülltes Leben zu führen.

Wollen wir unseren Kindern beibringen, wie sich Neues einführen lässt, wie sie etwas gestalten und verwirklichen können, müssen wir genau das selber tun. Wir können jeden Aspekt unseres Lebens daraufhin untersuchen, ob in ihm das gesamte menschliche Potenzial zum Ausdruck kommt oder bloß gewohnheitsmäßiges Sicherheitsdenken. Wir können Lerngemeinschaften aufbauen, die nicht nur unseren Kindern, sondern auch uns selber offen stehen: lebendige Schulen, die den Herausforderungen unseres Lebens und unseren Bedürfnissen entsprechen und sich diesen Vorgaben fortwährend anpassen. Wir können begreifen, dass unsere Gesellschaft eines erhöhten Grads der Vernetzung bedarf, nicht nur hinsichtlich Rasse, Geschlecht oder Gesellschaftsschicht, sondern auch zwischen den verschiedenen Altersgruppen, vom Kleinkind bis zum Betagten, so dass die vollständige menschliche Erfahrung geteilt werden kann. So lässt sich die Wahrnehmung des Lebens ausdehnen, um darin mehr als nur Ich und Meins zu berücksichtigen, um Dich und Deins zu berühren, um die Facetten eines jeden Lebens zum Juwel all unserer Leben zusammenzufügen.

Produktivität und Lebensglück

> *Hat die Natur etwa einen monumentalen Fehler begangen, als sie das Kind erschuf, welches unweigerlich den größten Teil seiner Zeit damit zubringt, sich offensichtlich unproduktiven, ja dem Überleben wenig zuträglichen Aktivitäten wie dem Ausleben seiner Fantasie, dem magischen Denken und dem Spiel hinzugeben?* Joseph Chilton Pearce

In unserer Rolle und im Wahrnehmen der Verpflichtungen gegenüber unseren Kindern sind wir sehr geübt. So ist es nicht verwunderlich, dass wir unsere Kinder jeden Tag von uns schicken, damit sie lernen, auf dieselbe Weise zu leben. Es würde ihnen mit Sicherheit nicht von alleine einfallen, ihre eigenen Wege zu gehen, und ebenso unwahrscheinlich ist es, dass wir sie wegschicken würden, wenn uns das nicht selber schon so beigebracht worden wäre.

Unmöglich, dass wir so leben, wie wir es eben tun, wenn wir zu dieser Art von Leben nicht angeleitet worden wären, indem unsere Kreativität zerstört wurde. Von sich aus würden Kinder nicht darauf verfallen, ein Leben zu führen, in dem Gefühle und deren Ausdruck nicht zugelassen sind. Von Grund auf sind sie verbunden mit etwas, das lebendig, grenzenlos und angstfrei ist. Doch diese Energie des Kindes hat sehr wenig damit zu tun, Güter und Dienstleistungen zu produzieren, und was von der Gesellschaft sonst noch als wichtig betrachtet wird. Wenn sich Fahrzeuge am Fließband produzieren lassen, dann können auch Schüler am Fließband unterrichtet werden. Unsere Gesellschaft verehrt die Effizienz des Fließbandes, die Automatisierung und den unerbittlichen Zwang zur Produktion. Wir beten einen Gott an, der pausenlos beschwichtigt werden will, andernfalls wird er aufhören, für uns zu sorgen.

Gelegentlich kommt es vor, dass wir uns wundern über das Leben, das wir führen: Mitten in der Nacht wachen wir auf und fragen uns nach Bedeutung und Erfüllung in unserem Leben. Es beunruhigt uns, feststellen zu müssen, dass Fließbänder, Großraumbüros und die moderne Form der Leibeigenschaft am Arbeitsplatz kein Glück mit sich bringen, wo doch bereits Zusatzleistungen wie der firmeneigene Pensionsplan und die Krankenversicherung inbegriffen sind. Arbeitsplätze sind dazu da, Produktivität zu erzeugen, nicht Wohlbefinden.

Wir hören unsere eigene Stimme, als käme sie aus einer anderen Dimension: «Es ist Zeit, die Kinder mit dem kleinen Schulbus wegzuschicken. Tschüss, Kinder! Wo sind wir stehen geblieben? Ach ja, ich gehe jetzt zur Arbeit, denn es ist Zeit, produktiv tätig zu werden. Die Frage, ob ich glücklich bin, ob meine Kinder oder wir alle glücklich sind, wird warten müssen. Ich habe jetzt einfach zu viel zu tun.»

Die Industrie weiß, dass sie die Arbeiter zufrieden zu stellen hat; Zufriedenheit verringert Absenzen, Krankheitstage und die Fluktuation von Mitarbeitern, wenn nicht mehr. Unsere höchst produktive Gesellschaft wird geplagt von Gewalt in der Schule und am Arbeitsplatz, von Depressionen und Hyperaktivität, von Scheidungen, häuslicher Gewalt und Kindsmissbrauch in epidemischem Ausmaß. Heere von Beratern bieten Vorschläge an, wie sich zumindest der Schein erzeugen lässt, wir befänden uns trotz des Leistungsdrucks in unserer Gesellschaft in Beziehung. Wir leben mit der Illusion eines Bezogenseins und der «Wirklichkeit» des Fernsehens, wo wir Leuten zusehen, wie sie gegeneinander ums «Überleben» kämpfen, während sie von Helikoptern umkreist und gefilmt werden. Millionen von Menschen sind der Meinung, dass es sich hierbei um Beziehung handle.

In der Arbeitswelt werden Berater beschäftigt, die den Leuten helfen, Kontakte untereinander zu knüpfen. Und falls das nicht klappt, gibt es immer noch bewusstseinsverändernde Substanzen, die uns glücklich machen, ob wir es sind oder nicht. Und sollten wir nicht glücklich sein, ist uns das egal, denn es ist gar nicht so leicht, die vielen Schichten von Chemikalien zu durchstoßen und herauszufinden, *was* wir sind. Doch das spielt ohnehin keine Rolle, denn bereits ist es wieder Zeit dafür, zur Arbeit zu gehen, Zeit, unsere Kinder zum Schulbus zu bringen; wir sind beschäftigt. Das ist unsere Welt, wie wir sie uns eingerichtet haben.

Gibt es dazu eine Alternative? Was könnten wir denn anders tun? Oder ist es einfach so, wie die Dinge eben sind? Die Sonne geht im Osten auf und im Westen unter. So ist es nun mal. Der Schulbus kommt, die Kinder steigen ein, wir gehen zur Arbeit. So ist es nun mal, so muss es sein.

Gibt es irgendeinen anderen Weg? Wenn ich die Kinder nicht zum Schulbus bringe, habe ich ein Problem. Dann sind sie zu Hause, und ich muss zur Arbeit. Was, wenn ich nicht zur Arbeit gehe? Dann haben wir ein Problem. Der Vermieter oder der Kreditgeber wird sich bei mir auf die Matte stellen. Ich werde obdachlos, mit Kindern – was soll ich da bloß tun? Diese Folgen werden von der Angst an die Wand gemalt, sowie wir uns auf unbekanntes Gebiet vorwagen und beginnen, neue Möglichkeiten zu erschaffen. Doch trifft die Angst zu?

Gibt es eine andere Grundlage, auf der wir funktionieren können? Könnten wir uns zusammentun und kooperieren? Könnten weniger von uns zur Arbeit gehen und einige sich um die Kinder kümmern? Oder könnten wir gemeinsam arbeiten? Könnten wir genossenschaftlich arbeiten? Könnten wir gemeinsam neue Unternehmen bilden? Könnten wir diese Unternehmen von dort aus führen, wo wir wohnen? Lässt sich eine Welt vorstellen, in der Menschen tatsächlich zusammen leben und arbeiten, und in der die Kinder mit ihnen leben, lernen, arbeiten? Ist das denkbar?

Nehmen wir dabei nicht bloß Produktivität als Maßstab unseres Lebens. Schließen wir Integration, Hilfsbereitschaft und Glück in der Bewertung mit ein. Betrachten wir das gesamte System in seiner Nachhaltigkeit und tragen den kommenden Generationen Rechnung. Achten wir dabei auch auf die Kosten der Produktivität, der Wirtschaftlichkeit und des Gewinns zu Lasten der menschlichen Fähigkeit, glücklich zu sein. Ein Atomkraftwerk darf nicht allein als Anlage betrachtet werden, die günstigen Strom liefert. Wir müssen in die Rechnung einbeziehen, wie viel es kostet, ein Atomkraftwerk stillzulegen. Und was kostet es, wenn eines dieser Dinger zusammenbricht und der Reaktor schmilzt? Sehen wir das Gesamtbild?

Was geschieht, wenn wir uns dem Leben auf neue Weise zuwenden? Vielleicht meldet sich Angst, weil wir so etwas noch nie zuvor getan haben. Wir glaubten zu wissen, wie die Welt aussieht, doch nun sehen wir eine Welt, die wir nicht kennen. Aus den Erfahrungen der Vergangenheit lässt sich das nicht ableiten. Um etwas über die Welt zu erfahren, müssen wir sie betreten, und das macht Angst.

Herrscht in unserem Leben die Angst, oder ist es die Neugier? Ist unser Bedürfnis, Unbekanntes zu erforschen, größer als das Bedürfnis nach Sicherheit? Tag für Tag stehen wir neu vor dieser Frage. Wenn wir zur Arbeit gehen, wenn wir die Kinder zur Schule bringen, wenn wir ein Leben führen, von dem wir bereits wissen, dass es uns selber und der Welt nicht gerecht wird. Beginnen wir uns mit der Frage nach einem vitalen Leben und einer umfassenden Erziehung zu befassen, so nähern wir uns der Frage nach der eigenen Angst.

Es ist die Angst vor dem Unbekannten, die unsere Kreativität, den grundlegenden Ausdruck unseres Lebensglücks und des Glücks unserer Kinder in Schranken hält.

Lässt sich ein alternatives Lernfeld erschaffen, ohne dass wir uns intensiv mit der Frage auseinander setzen, was wir mit unserem Leben machen? Kann unser Leben wie ein mechanischer Prozess ablaufen, und daneben gibt es eine Schule, die anders ist? Können wir unsere Kinder an einen Ort schicken, wo sie frei sind, während wir selber nicht frei sind? Lässt sich ein Ort erschaffen, wo Kinder ungebunden sein können, während es unser Zuhause, unsere Gesellschaft und unsere Welt nicht ist? Oder muss sich alles zusammen verändern?

Wir können eine Schule gestalten, in der Kinder selber entscheiden, was sie lernen, eine Schule, die demokratisch statt hierarchisch geführt wird, in der innovativ und experimentell gelernt wird, ohne dass die Schüler künstlich nach ihren Fähigkeiten oder ihrem Alter getrennt werden. Doch die Frage der Bildung reicht tiefer, als dass der Aufbau neuer Schulen genügte.

Haben sich solche Schulen nicht mit Menschen zu verbinden, welche diese Eigenschaften bereits verkörpern? Muss eine solche Schule nicht Eltern ansprechen, die willens sind, ihr Leben auf ganzheitliche Weise zu führen?

Muss sie nicht weitere Formen von Institutionen einbeziehen, die ebenso auf ganzheitliche Modelle von Familie, Gesellschaft, Wirtschaft hin arbeiten? Wenn wir diese Möglichkeiten im eigenen Leben nicht an den Tag legen, wie wollen wir dann von unseren Kindern erwarten, dass sie es tun? Wie sollten sie auf neue Weise lernen, wenn wir nicht auf neue Weise leben?

Was macht es möglich, dass sich im menschlichen Bewusstsein ein vollständiger Wandel und eine Revolution vollzieht? Es ist unwahrscheinlich, dass sich innerhalb eines zersplitterten Raumes ein ganzheitlicher Raum erschaffen lässt. Unser leidenschaftliches Interesse an unseren Kindern und unsere Liebe zu ihnen und allen Kindern überhaupt kann uns dazu bringen, Leben und Lernen auf neue und furchtlose Weise anzugehen. Wir können ein Lernfeld erschaffen, das nicht dazu da ist, eine bestimmte Art zu vermitteln, wie die Welt wahrgenommen werden soll, sondern die es Kindern erlaubt, in Freiheit zu erfahren, wie die Welt wirklich ist. Ein Kind, das auf diese Weise lernt, kann durchaus fähig sein, die Welt zu verändern. Zumindest aber wird es unberührt von unserer Angst aufwachsen.

Familie nach Wahl

Wir führten ein Haus für Kinder, es war weniger eine Schule. Es war ein Ort für Kinder, wo sie ein bestimmtes kulturelles Klima aufnehmen konnten, ohne dass ihnen das vorgeschrieben worden wäre.
Maria Montessori

Für manch ein gesellschaftliches Problem unserer Zeit wird der Kollaps der Familie verantwortlich gemacht. Tatsächlich sind heute viele Familien zerbrochen, die Hälfte der Ehen endet in einer Scheidung, und wenn sich Eltern wieder verheiraten, werden Teile früherer Familien zu neuen Familien zusammengefügt. Aufgrund der rasanten Veränderungen unserer Gesellschaft und der gesteigerten Mobilität wird die biologische Familie, die mehrere Generationen umfasst, bezüglich Geografie und Zeit oft dermaßen auseinander gerissen, dass es ihr nicht länger möglich ist, als tragende Kraft zu funktionieren. Zweifellos belasten diese Umbrüche der gesellschaftlichen Ordnung das Leben der Kinder. Unter Umständen beschert uns das aber auch die Gelegenheit, die Familie zu überdenken und neue Formen des Zusammenlebens zu entwickeln, die sich nicht auf die Biologie, sondern auf eine gemeinsame Absicht, auf gegenseitige Verbundenheit und Vertrauen stützen.

Gewiss lohnt sich das Experiment, eine neue Art von Familie zu entwickeln, eine tragende Gruppe von Kindern und Erwachsenen, die in nächster, ja intimer Nachbarschaft zueinander leben und die aufgrund ihrer Hingabe und ihrer gemeinsamen Ansichten ein Leben gestalten, das dieselbe

Vertrautheit und denselben Nutzen wie die traditionelle Familie aufweist. Das Modell der Kernfamilie mag für einige ganz ordentlich funktionieren, aber nicht für alle. Für viele bedeutet das Ende einer Ehe, dass sie fortan allein erziehend sind; für Kinder kann das bedeuten, dass ihnen Ressourcen, Aufmerksamkeit und Geborgenheit verloren gehen.

Lässt sich ein Haushalt aus allein erziehenden Eltern bilden, die sich dazu verpflichtet haben, ihre Kinder gemeinsam zu umsorgen und zu erziehen? Lässt sich eine Gemeinschaft bilden aus den Bewohnern eines Hauses, die sich im Alltag unterstützen? Können Individuen verbindliche Verpflichtungen eingehen, welche über die herkömmlichen Bindungen der Ehe hinausreichen? Bietet ein Stück Land oder eine Gebäude Platz für eine Anzahl von Kindern und Erwachsenen, die – verheiratet und allein stehend – unter sich tatsächlich als Tanten und Onkel, Nichten und Neffen, Eltern, Großeltern und Kinder fungieren, die in allem füreinander Familie sind, ausgenommen der biologischen Verwandtschaft?

Ist der biologische Imperativ derart stark, dass wir keine Beziehungen wahrnehmen, wo wir nicht die Gene teilen? Wir machen eine Ausnahme, um jemand anderen zu heiraten, aber das tun wir vielleicht, um Kinder zu zeugen. Wir machen eine Ausnahme, um ein Kind zu adoptieren, aber oft geschieht das, weil es mit der Zeugung nicht klappen wollte. Verlangt die Biologie von uns, dass wir unser Leben um die Zwänge eines selbstsüchtigen Gens herum organisieren? Oder ist dieses selbstsüchtige Gen in seinen Anforderungen intelligenter? Sind unsere Kinder in einer Familie unserer Wahl nicht besser aufgehoben, wenn es eine biologische Familie nicht gibt, oder auch, um eine herkömmliche

Ehe zu erweitern? Sind wir nicht besser aufgehoben, wenn wir die Anforderungen des Lebens mit anderen teilen können, wenn wir helfen und wenn uns geholfen wird, wenn wir in der Geborgenheit einer Gemeinsamkeit leben?

Sind kulturbedingte Denkweisen und der Druck, den Status quo aufrechtzuerhalten, derart stark, dass wir es uns nicht zugestehen, den Familienverband auf gesunde Weise zu erweitern? Ist dies zu sonderbar, zu ausgefallen, zu bedrohlich? Was ist das für ein Tabu, das uns verbietet, im Rahmen einer Wahlfamilie füreinander zu sorgen und sich um andere zu kümmern? Warum sollte das nicht auf neue Art gestaltet werden können?

Die Art von Alternative zur Familie, die sich derzeit in unserer Kultur anbietet, brauchen wir nicht zu akzeptieren: Vereinzelung, Vereinsamung und virtuelle Beziehungen, in denen die Verbindung über Telefon, E-mail und Stippvisiten mit dem Flugzeug aufrechterhalten wird. Es lassen sich andere Menschen finden, die unsere Vorstellung eines ganzheitlichen Lebens teilen. Denen können wir darlegen, was wir und unsere Kinder brauchen, und wir hören gut zu, was diese Menschen uns antworten. Wahlfamilien lassen sich in jeder beliebigen Größe, in jeder beliebigen Kombination von Erwachsenen und Kindern und über beliebig viele Generationen hinaus gestalten. So teilen wir miteinander das, was in unserem Leben am meisten zählt: unsere gegenseitige Fürsorge und Unterstützung und das Nähren von dem, was das Beste ist, das wir hervorbringen: der Ausdruck des menschlichen Potenzials.

In einer stabilen Familie, sei sie biologisch bestimmt, eine Familie der Wahl oder eine Kombination von beidem, werden unsere Kinder mit mehr Zeit, Aufmerksamkeit, Zuwendung und Liebe belohnt. Indem wir unserem tiefsten

Verlangen folgen und dieses Verlangen in unseren intimen Beziehungen zum Ausdruck bringen, schenken wir unseren Kindern eine Familie, die sorgfältig ausgewählt wurde und zu ihrem Wohlbefinden entstand. Eine Familie unserer Wahl, welche Form auch immer sie annimmt, bietet uns die Grundlage für ein bewusstes, selbstbestimmtes Leben, ein Leben, in dem Kreativität und Neugier blühen, und so ein Leben ist der unerlässliche Bestandteil einer Assoziation von Familien, die zusammen eine Lerngemeinschaft bilden.

Lebendige Gemeinschaften

> *Vielleicht ist dies das Gespenst, vor dem sich arbeitende Männer und Frauen am meisten fürchten: der zeitlich begrenzte Gebrauchswert des Menschen, der einhergeht mit dem zeitlich begrenzten Gebrauchswert der Güter, die sie produzieren.* Studs Terkel

Genau so, wie Familien unserer Gesellschaft auseinander fallen, hat sich auch die Struktur unserer Gemeinschaften verändert. In einer Welt konstanter Überlastung, Reizüberflutung und Überwältigung sind die Formen unserer Gemeinden Ausdruck eines Bedürfnisses nach Privatsphäre, Sicherheit und Kontrolle. Zweifellos sind das gewichtige Faktoren eines zufriedenen Lebens, doch unsere Gesellschaft als Ganzes hat sich aufgespalten in eine Welt der Absonderung. So können wir jahrelang neben einem Nachbarn leben, dem wir nie begegnen. Die Siedlungsform unserer vorstädtischen Behausungen erlaubt es uns, das Haus mit dem Auto zu betreten und sogleich von einer inneren Welt aufgenommen zu werden, die einzig uns offensteht. Die Außenwelt erblicken wir durch das Glas von Bildschirmen oder eines Fensters, welches uns den Blick freigibt auf den Zaun im Hinterhof, mit dem wir unsere Privatsphäre sichern. In Vororten wird überallhin gefahren. Zu Fuß gehen wir nur, wenn der Hund raus muss oder der Parkplatz des Einkaufszentrums derart überfüllt ist, dass wir unser Auto weiter weg abstellen müssen. Leben wir in einer Stadt, so wird unser Leben durch Lärm, Umweltverschmutzung und der Angst vor Gewalt belastet. Wir haben unser Leben so sehr der Produktivität, Mobilität und Geschwindigkeit verschrieben, dass der Wohnort einfach nur jener Ort ist, wo wir alleine sind, wo wir uns erholen und auf einen weiteren Tag und weiteren Verdienst vorbereiten.

Dieses Leben führt zu Trennungen, und das ist nicht, was wir wollen. Man hat damit begonnen, Gemeinschaftssiedlungen zu planen, die eine Privatsphäre bieten, die aber auch darauf ausgelegt sind, Möglichkeiten der Verbindung zu schaffen. In den Vorstädten wird es zunehmend beliebt, den Eingangsbereich und die Vorderfront des Hauses wieder traditionell zu gestalten, so dass es den Bewohnern möglich wird, den Kontakt mit ihren Nachbarn zu pflegen; auch werden kleine Parkanlagen und Spazierwege erstellt. Im Innenstadtbereich wird versucht, mit Bauten für gemischte Nutzung und lebendig gestalteten Räumen, in denen zugleich gearbeitet und gelebt wird, die ursprüngliche Bedeutung der Stadtmitte zurückzugewinnen. In klitzekleinen Schritten werden Autos verdrängt zu Gunsten alternativer Verkehrsmittel, die nicht nur umweltverträglich, sondern auch gemeinschaftsfördernd sind. Selbst die virtuelle Welt des Internets hat virtuelle Gemeinschaften hervorgebracht, die Zeit und Raum überwinden und Menschen mit gemeinsamen Interessen verbinden.

Die Vorreiterrolle in dieser Bewegung hin zu einem Leben, das auf aktiver Vernetzung beruht, nehmen jene ein, welche erkannt haben, wie sehr es auf die Lebensqualität ankommt, wie wertvoll für unser Leben Beziehungen, Ausdrucksmöglichkeiten, Aufnahmebereitschaft, Wertschätzung, Zuneigung und Freundlichkeit sind. Solche Eigenschaften lassen sich nicht zu Produkten machen, sie können weder vermarktet noch verkauft werden, obwohl das schon manch einer versucht hat. Sie sind Bestandteile eines Lebens, das sich an Rücksicht, Leidenschaft und Erforschung orientiert. Diese Qualitäten treten von alleine auf, und sie kosten nichts, außer dass wir unsere Besessenheit mit materiellen Dingen aufgeben müssen.

Kinder fühlen sich mit diesen Aspekten eines Lebens in Beziehung von sich aus wohl. Und für uns war das einst nicht anders, doch sind wir darauf verfallen, anzunehmen, wir hätten uns mit Therapien und mit Spiritualität abzumühen, um einen Zugang zu diesen Qualitäten zurückzugewinnen. Leider bringt uns das bloß mehr derselben Anstrengung ein, mehr derselben Ansichten zu Erwerb und Materialismus, mehr derselben Art von Sicherheit einer sattsam bekannten spirituellen Selbstbespiegelung, die nicht über den Tellerrand der eigenen Bedürftigkeit hinauszublicken vermag.

In der Tat brauchen wir, um das Paradies eines Lebens in Verbundenheit zurückzugewinnen, nichts weiter zu tun, als zu erkennen, dass es überall um uns herum bereits da ist: die Bekanntschaft, für die wir uns nie Zeit genommen haben, die Tasse Tee, bei der wir nicht lange genug verweilten, um sie auch genießen zu können, der Roman, den wir nie fertig lasen, die Hilfe, die wir nie gaben, den Streit, den wir nie beilegten, die Reise, die wir nie unternahmen. Mehr gibt es nicht zu tun, um ein leidenschaftliches Leben zu entdecken; im Gegenteil, es ist nötig, dass wir in unseren emsigen Köpfen weniger tun und dass wir mehr aus der Spontaneität unserer Herzen in jedem Augenblick unseres Lebens handeln. Dort ist es schließlich, wo wir Beziehung entdecken werden.

Während wir zu einem Leben in Verbundenheit erwachen, werden wir auf Strukturen angewiesen sein, die dem jeweiligen Rhythmus und der hohen Intensität dieses Lebens gerecht werden. Unsere Gemeinschaft wird zum Ausdruck dieser Umstrukturierung; Gemeinschaft nicht als Form, in der wir leben, sondern als Form, durch die wir leben. Diese Gemeinschaft, unsere Gemeinschaft, entspricht den umfssendsten Elementen des menschlichen Potenzials und ist deren lebendiger Ausdruck.

Eine lebendige Gemeinschaft kann sich überall ergeben, sei es die willentliche Gemeinschaft von Hausbewohnern oder die Endstation einer existenzialistischen Vorhölle in grauer Vorstadt, sei es eine Lebensgemeinschaft oder ein Leben in der schrecklichen festungsgleichen Architektur der städtischen Isolation. Wir folgen dabei der Erkenntnis, dass, wenn ich mich selber vollständig vom Leben erfüllen lasse, alles um mich herum mit Leben gefüllt werden kann, wenn ich dazu eine Verbindung eingehe.

Die lebendige Gemeinschaft, der elektrische Funke, der sämtliche gesellschaftlichen Strukturen zum Knistern bringt, ist die Grundlage für Gemeinsamkeit. Es ist der Raum des Lebens, den wir miteinander teilen, eines Lebens, das uns alle einschließt und in dem wir das Potenzial für umfassendere Integration, Kreativität und Mitgefühl erkennen. Die Verbindung zur Gemeinschaft ist das Blut unseres Lebens, weil es unser Leben ist. Dort findet unser Leben und das Leben unserer Kinder statt. Uns von der Gemeinschaft abzutrennen, hieße, uns von uns selbst abzutrennen, auf Distanz zu gehen zur eigenen Vollständigkeit.

Unsere Kinder brauchen mehr als ein Zuhause und eine Familie, so wichtig diese Grundlagen für sie auch sind. Sie brauchen eine Gemeinschaft, aus der heraus sie in die Welt wachsen können und zu der sie immer wieder zurückkehren werden, sei es, um zu bleiben und zu leben, sei es, um einfach ihr Leben zu teilen und wieder zu gehen. Kinder brauchen eine Gemeinschaft, nicht eine Ansammlung anonymer Bauten und Einkaufspassagen, sondern eine lebendige Gemeinschaft. Das ist mehr als ein geografischer Ort. Es ist das gesamte Potenzial an Beziehungen, die sich an einem Ort verbinden. Eine solche Gemeinschaft lebt, wo Gesellschaftsstrukturen die Freude am Forschen, die Kreativität und die Leidenschaft fördern; wo Straßen nicht bloß zu einem Bestimmungsort führen, sondern zu Entdeckungen verleiten; wo Häuser so gebaut sind, dass sie nicht nur beschützen, sondern auch verbinden; wo Produktivität, Schaffenskraft, Leben und Lernen nicht durch Architektur und Zonenpläne voneinander getrennt, sondern zu Formen verflochten werden, die dem höchsten Streben des Menschen dienlich sind.

Unsere Kinder brauchen Gemeinschaften, die sie einbeziehen, sie beraten, ihnen helfen, die ihnen Fertigkeiten und Wissen vermitteln. Sie brauchen Gemeinschaften, die sie dazu auffordern, sich einzubringen und Verantwortung zu übernehmen, Gemeinschaften, welche die Hilfe von Kindern, deren Energie und Kreativität willkommen heißen.

Wir können Kinder nicht vor einer verrückt gewordenen Welt bewahren, indem wir uns in abgeschirmte Häuser verkriechen, genauso wenig, wie wir sie vor zunehmend schadstoffbelasteten Nahrungsmitteln beschützen können, indem wir ihnen verbieten, zu essen. Kinder verlangen genauso nach Gemeinschaft wie nach Nahrung. Junkfood und Süßgetränke mögen daherkommen wie Nahrung. Fernsehen und Internet mögen erscheinen wie Gemeinschaft. Vielleicht werden unsere Kinder ja mit solchen Nachbildungen zurechtkommen, doch warum machen wir es nicht zu unserer Lebensaufgabe, sie mit Früchten aus unserem Garten zu ernähren und sie mit einer lebendigen Gemeinschaft zu verbinden?

Das Leben ist, wie es ist. Wir mögen die Welt für verrückt und niederträchtig halten, oder das Leben mag uns wunderbar erscheinen, dennoch ist das Leben weiterhin, wie es ist. Vor dem Faktischen können wir unsere Kinder nicht in Schutz nehmen. Die Wirklichkeit wird sich stets als stärker erweisen, wie sehr wir auch versuchen mögen, ihr zu entkommen. Doch die Welt, wie sie ist, ist nicht statisch. Das Leben ist alchemistisch; es befindet sich in stetem Wandel. Transformation ist jeden Augenblick möglich. Wir können in uns die stille Weisheit hegen, das Leben so wahrzunehmen, wie es ist, und gleichzeitig spüren, wie unglaublich dringend es ist, dieses Leben in eine Welt zu transformieren, in der unsere wechselweise Verbundenheit sich zunehmend vertieft. Wenn wir uns mit aller Liebe und Kraft in die Gemeinschaft einbringen, lässt sich eine Welt erschaffen, die für unsere Kinder und für sämtliche Kinder der rechte Ort zu leben ist, eine Gemeinschaft, die uns wiederum bereitwillig aufnimmt und hält. Wir haben dieser Gemeinschaft Leben eingehaucht, nun ist sie eine lebendige Gemeinschaft.

Lerngemeinschaften

> *Es ist der große Triumph des staatlich verordneten*
> *Bildungsmonopols mit seiner Schulpflicht und dem*
> *Einheitsunterricht für die Masse, dass selbst die*
> *fähigsten meiner Lehrerkollegen und selbst die*
> *verständigsten Eltern meiner Schüler sich kaum*
> *vorstellen können, wie sich diese Dinge anders*
> *machen ließen.   John Gatto*

Wenn unsere Gemeinschaften zu leben beginnen, wird die Möglichkeit greifbar, dass Lernen nicht mehr länger an einen bestimmten Ort gebunden ist. In einer lebendigen Gemeinschaft gehen Leben, Arbeit, Spiel und Unterricht ineinander über. In solch einer Gemeinschaft eine Schule zu betreiben, wäre ein Anachronismus, eine Form, die sich im Zeitalter des ununterbrochenen Informationsflusses und der Erfahrung überlebt hat.

Die Gemeinschaft des Lernens ist eine Gesellschaft, die es als Teil ihrer Funktion ansieht, Heranwachsende zu unterrichten und ebenso das fortwährende Bedürfnis ihrer erwachsenen Mitglieder nach Lernen zu nähren. In einer Lerngemeinschaft wird zwischen Lernen und Leben nicht länger unterschieden. In solch einer Gemeinschaft wird verstanden, dass es sinnlos ist, Informationen aufnehmen zu wollen, die nicht mit Erfahrungen einhergehen, dass ein Kind, dem nicht die Gelegenheit gewährt wird, Neuerungen einzuführen, den Erwerb einer grundlegenden Fähigkeit des Lebens verpasst, und dass Lernen, wenn es mit dem tatsächlichen Leben, wie wir es führen, verbunden ist, ungleich viel wirksamer ist als mechanisches Lernen, wie es in der durchschnittlichen Schule die Regel ist.

Die Mitglieder einer Gemeinschaft von Lernenden wissen, dass sie alle Zugang zu beständigem Lernen brauchen, um fähig zu sein, hintereinander die verschiedenen Berufe zu erlernen, wie es heutzutage zur Norm geworden ist. In der Tat braucht es fortwährendes Lernen selbst dann, wenn auch nur ein einziger Beruf umfassend beherrscht und ausgeführt werden soll. In einem umfassenden Sinn versteht jene Gemeinschaft, die sich selber einem ganzheitlichen Lernprozess verschreibt, das Wesentliche der menschlichen Erfahrung: Wenn wir nicht beständig offen dafür sind, zu lernen, haben wir unser Leben nicht vollständig verwirklicht.

Unternehmen müssen heutzutage sehr wendig sein, wenn sie erfolgreich sein wollen. Sie reagieren auf Bedürfnisse vermutlich rascher als die anderen Institutionen unserer Gesellschaft. Obwohl große Konzerne oft unter veralteten und unethischen Strukturen ächzen, die sie aus der Vergangenheit mitschleppen, haben die agilsten dieser Unternehmen verstanden, dass eine Unternehmenskultur, die sich verändert und weiterbildet, unerlässlich ist. Die Wirtschaftswelt und die Welt der Forschung sind, was den Fluss von Mitteln und Personen angeht, derart eng miteinander verwoben, dass es oft schwierig ist, sie voneinander zu unterscheiden. Wenn die Geldgeber bestimmen, worüber geforscht werden soll, kann das zu Korruption führen.

Doch diese Verschränkung zweier Bereiche liefert uns gleichzeitig auch ein Beispiel dafür, wie unermesslich nützlich es ist, Lernen und Produktivität miteinander zu verknüpfen. Ferner stellen Großunternehmen fest, dass die Leute sich wesentlich besser kennen lernen und eine produktionssteigernde Teambildung einsetzt, wenn Angestellte zusammen gemeinnützigen Tätigkeiten nachgehen.

Zur großen Verwunderung der Manager wird in der Wirtschaft entdeckt, dass es sich auszahlt, die Schranken niederzureißen, die zwischen Arbeit und Zuhause, Arbeit und Gemeinschaft, Arbeit und Schulen errichtet worden sind. Es zahlt sich aus, weil die Menschen glücklich sind, wenn sie sich verbunden wissen, und eine Arbeit, die von einem glücklichen Menschen erledigt wurde, ist weniger problembeladen und kreativer. Es fällt ja nicht allzu schwer, sich vorzustellen, der Sinn der Produktivität könnte darin liegen, glücklich zu machen. Die Gemeinschaft der Lernenden ist eine Gemeinschaft, in der zusammen gelebt, gearbeitet und gelernt wird, und die als Ausdruck ihres Lebensglücks ihre Produktivität mit Innovation, Kreativität und Effizienz versieht.

Durch Lerngemeinschaften werden Bibliotheken und Museen, Haushalte und Arbeitsplätze, Universitäten und Schulen aller Art, Spitäler, Forschungseinrichtungen und Regierungsbehörden wechselweise verbunden, und daraus entsteht ein beständig sich ausdehnender Raum des Lernens. Der Schüler hat freien Zugang zu allem, was er braucht, er kann unabhängige Untersuchungen in die Wege leiten und mittels eines Bildungsvertrages, eines Lehrverhältnisses oder einer Anstellung in einer Unmenge von Einrichtungen mit einer enormen Auswahl an Mentoren lernen. Diese Schule ohne Wände ahmt nicht etwa das Gefüge des Lebens nach, sie ist das Leben selbst, wie wir es miteinander, mit Kindern und mit Betagten teilen. Die Lerngemeinschaft wird zusammengehalten durch eine generationenübergreifende Leidenschaft für das Lernen, und diese Leidenschaft nimmt keineswegs in der Kindheit noch in irgendeiner anderen Lebensphase ihren Anfang, noch geht sie damit zu Ende, sie macht das ganze Leben aus.

Damit ein Kind auf dieses erzieherische Kontinuum zugreifen kann, braucht es Verantwortung als notwendige Voraussetzung der Freiheit, eine Richtung, die durch die Neugierde vorgegeben wird, und ein Bestreben, wie es natürlicherweise mit der Selbstbestimmung einhergeht. Wo einem Kind diese Eigenschaften fehlen, könnten Schulen vielleicht als unterstützende Einrichtungen ihre Funktion haben. In ihnen könnten Kinder zur natürlichen Verfassung von Interesse zurückfinden und sich neu auf ihre Ausrichtung besinnen. Schulen könnten zu Dreh- und Angelpunkten für Ressourcen werden. Schulen könnten alles Mögliche sein, das praktisch und nützlich ist, außer das, wozu sie heute tendieren: Einrichtungen, in denen Kinder lernen, mit dem Lernen aufzuhören und zu gehorchen, wo sie auswendig lernen und sich wiederholen.

Vom Lehrer fällt die Rolle des Vorgesetzten und Paukers ab. Ein Lehrer, der sein eigenes, tief greifendes Interesse am Lernen entdeckt hat, hört auf zu unterrichten. Stattdessen beginnt er aufzuzeigen, zu übermitteln und zu inspirieren. Ein solcher Lehrer ist lebendiges Beispiel für ein Leben des Lernens, er steht zur Verfügung, um mit anderen Menschen jeden Alters zu teilen, was bereits entdeckt worden ist und was derzeit erforscht wird.

In Umkehrung des alten, spöttischen Sprichwortes: «Wer's kann, der tut's; wer's nicht kann, unterrichtet» ist der neue und glückliche Lehrer ein Berufsmann, der liebt, was er tut, und durch sein lebendiges Beispiel lehrt. Selbstverständlich ist das nichts anderes, als was Lehrer in unserem heutigen Schulbetrieb eigentlich sein wollen: Sie wollen frei sein, um zu lernen, in eigener Verantwortung wollen sie den

Kurs ihres Tuns bestimmen, und sie wollen Lernende unterrichten, die zu ihnen kommen, weil sie sich darauf freuen, mit ihnen etwas herauszufinden. Der glückliche Lehrer, genauso wie das glückliche Kind, macht den großen Unterschied in der erzieherischen Gleichung aus. Die Zerstörung seines natürlichen Impulses, Weisheit zu vermitteln, verwandelt einen Lehrer zur mechanischen Präsenz, wie sie an unseren Schulen so häufig vorkommt, jedes bisschen genauso unterdrückt wie die Kinder, denen er einst zu helfen wünschte. Die Gemeinschaft der Lernenden befreit Lehrer im selben Maße, wie sie Kinder befreit.

Den Eltern in einer Lerngemeinschaft fällt die Möglichkeit zu, ihr Leben mit ihren Kindern rundum zu teilen, nicht bloß während der müden Abendstunden oder den zeitlich begrenzten Aktivitäten an Wochenenden, sondern als wesentlichen Bestandteil des täglichen Lebens. Das Rätsel der verschwundenen Eltern, die an einen unbekannten Ort hin zu etwas entschwinden, das Arbeit genannt wird, ist gelöst. Die Lerngemeinschaft, in der Eltern arbeiten und lernen, ist Teil derselben Gemeinschaft, in der das Kind lernt und in der letztendlich alle zusammen leben. Gemeinschaft bedeutet hier die Gemeinschaft des Ortes, der Absicht und der Beziehung. Die Eltern erschafffen diesen Ort, und sie laden ihre Kinder ein, sich an dieser Schöpfung zu beteiligen. Gemeinsam führen sie ein Leben der nahtlosen Übergänge, in dem es darum geht, glücklich zu sein, und dieses Glück wird dort verwirklicht, wo gearbeitet, gelernt, gespielt – und gelebt wird.

Allen Erwachsenen in einer Lerngemeinschaft fällt die Funktion eines Lehrers zu. Unabhängig davon, ob sie selber Kinder haben oder nicht, begreifen sie, dass für eine Gesellschaft nichts wichtiger ist als die Betreuung der Kinder. Der

Reichtum, der ein glückliches Leben ausmacht, rührt nicht daher, Vergnügen und Besitztümer anzuhäufen, sondern ergibt sich aus der Fülle, die entsteht, wenn man zu allen in Beziehung steht, die an diesem Leben teilhaben. Im Rahmen einer Lerngemeinschaft, in Freiheit und Verantwortung und im Ausdruck von Kreativität und Forscherdrang, sind wir alle Nutznießer des Ganzen und, in unserem individuellen Ausdruck, auch dessen Schöpfer.

Ist es das, was unser Leben vollständig und zufrieden macht, was uns freundlich stimmt, uns erfüllt mit Kreativität und Glück? Es ist nicht das Kind allein, welches diese Qualitäten nötig hat. Wir alle haben dieses Bedürfnis in Beziehung zu uns allen: Lernen, Helfen und Lieben. Kinder mahnen uns einfach auf tiefgründige Weise daran, was es bedeutet, das Herz der Erziehung zu verändern. Wir öffnen dazu unser eigenes Herz, nicht nur für unsere Kinder, sondern auch für uns selbst.

Über den Autor

Steven Harrison hat bisher fünf Bücher veröffentlicht: *Nichts tun – Am Ende der spirituellen Suche (Edition Spuren, Winterthur 2000), Eins sein – Transformation durch Beziehung (Edition Spuren, Winterthur 2001), Sei, wo du bist – Leben als Meditation (Edition Spuren, Winterthur 2003), Das glückliche Kind – Erziehung durch Freiheit (Edition Spuren, Winterthur 2004)* und *Die Frage auf die Antworten des Lebens (Edition Spuren)*. Er ist Mitbegründer von *All Together Now*, einem Hilfswerk. das sich um Strassenkinder und Bedürftige in Südasien kümmert. Steven Harrison ist auch Mitbegründer von *The Living School*, einer Lerngemeinschaft in seiner Heimatstadt Boulder, Colorado, USA.
Steven Harrison kommt für Begegnungen und Dialoge regelmässig nach Europa.

Interessierte wenden sich an:

Steven Harrison
P O Box 6071
Boulder, CO 80306
InDialog@aol.com
www.doingnothing.com

Informationen zur Lerngemeinschaft:

The Living School
P O Box 6105
Boulder, CO 80306
contact@LivingSchool.org
www.LivingSchool.org

Steven Harrison in der Edition Spuren

NICHTS TUN
Am Ende der spirituellen Suche

«Wer sucht, der findet», heisst es. Im spirituellen Leben gilt jedoch häufig: «Wer sucht, der sucht und sucht ohne Ende.» Woran liegt das? Nicht unbedingt an den Meistern und deren Lehre. Meist geht die spirituelle Suche in die falsche Richtung. Aus eigener Erfahrung weist Steven Harrison einen grundlegend anderen Weg: Statt nach aussen führt er nach innen, hin zu Selbstbestimmung und Stille.

ISBN 3-9521966-0-6, 142 S., geb., E 15.–, Fr. 28.–

EINS SEIN
Transformation durch Beziehung

Steven Harrison untersucht, was uns daran hindert, rückhaltlos in Beziehung zu sein mit sich und der Welt. Provozierende Gedankengänge über romantische Liebe und Tantra, über die Sehnsucht nach Verbindung und die tiefer liegende Sucht nach Trennung. Der ultimative Beziehungsratgeber eines modernen Mystikers.

ISBN 3-9521966-2-2, 160 S., geb., E 18.–, Fr. 32.–

SEI WO DU BIST
Leben als Meditation

Ist es Achtsamkeit, ist es Hingabe, sind es Chakren und Mantren, die zur Erleuchtung führen? Der Autor von «Nichts tun» räumt auf mit den Mythen der spirituellen Szene, er stiftet an zur Wahrheit des Offensichtlichen: Wir alle sind Meister der Meditation. Vorüberziehende Wolken trüben nicht den Himmel.

ISBN 3-9521966-6-5, 234 S., geb., E 19.–, Fr. 34.–

ALS SCHMETTERLING UNTER RAUPEN

Erleuchtung - kein anderer Begriff zieht spirituell Suchende so sehr in seinen Bann wie dieser. Wenn Jed McKenna davon spricht, so tut er es aus eigener Erfahrung. In seinem Landhaus tief in der amerikanischen Provinz lebt er als Schmetterling unter Raupen. Gibt es einen Weg, der aus dem Schlafen ins Erwachen, aus der Verwirrung in die Klarheit führt? Jeds Dialoge mit Schülern kreisen um diese Frage, und dabei wird bald einmal klar: Es ist ganz anders. Erhellende, kompromisslose, befreiende Gespräche um das Leben in Wahrheit. Ein Buch wie ein Paukenschlag, und darüber hinaus ein geistreiches, köstliches Lesevergnügen.

«Dieses Buch entmystifiziert das Thema Erleuchtung und bringt es zurück in unsere Hände, zurück auf den Boden, zurück zu dem, was und wer wir sind. Ich empfehle es sehr.»
Lama Surya Das (Awakening the Buddha Within)

«Jed McKennas Beschreibung vom Leben nach der Erleuchtung trifft so sehr zu, dass 99,9% seiner Leser wohl nicht merken werden, wie tiefgründig und wahr diese Beschreibung ist.»
Satyam Nadeen (Von der Zwiebel zur Perle)

Jed McKenna: Verflixte Erleuchtung
Als Schmetterling unter Raupen
291 Seiten, gebunden, E 22.–/ Fr. 36.–
ISBN 3-9521966-9-X

Edition Spuren, Wartstraße 3, CH-8400 Winterthur
www.spuren.ch   edition@spuren.ch

ZEN-TRAINING FÜR KREATIVITÄT

Konzentration, Mut, Entschlossenheit, das sind Qualitäten des Zen-Weges, wie sie in der Meditation kultiviert werden. Gail Sher praktiziert seit Jahrzehnten auf diesem geistigen Schulungsweg. Sie hat die Qualitäten des Zen aus dem Meditationsraum in die Schreibwerkstatt übernommen. Die amerikanische Lehrerin für kreatives Schreiben ermutigt Schriftsteller und solche, die es werden wollen, zur eigenen Kreativität. Eine gehaltvolle, ungemein anregende Schreibschule in 47 kurzen Kapiteln.
Gail Sher: Schreib dich frei. Zen für Kreative
153 Seiten, gebunden, Euro 17.–/Fr. 28.–
ISBN 3-9521966-8-1

ABSCHIED VOM MANGEL

Um die Wirtschaft dreht sich alles, doch worum dreht sich die Wirtschaft? Ist es der Profit und die Verwaltung von Mangel? Die Kommunikationsbetreuerin Martina Köhler entwickelt zusammen mit dem erfahrenen Schweizer Unternehmer Hans Jecklin die Grundzüge einer integralen Wirtschaft, eines Haushaltens mit der Lebensfülle, bei der sich Innen und Aussen ergänzen und durchdringen. Durch Beispiele aus der Praxis, Dialoge und Übungen entsteht die zukunftsweisende Vision einer Synthese von Geld und Geist. Dadurch wird klar: Es geht auch anders.
Hans Jecklin & Martina Köhler: Wirtschaft wozu?
221 Seiten, gebunden, E 22.–/ Fr. 34.–
ISBN 3-9521966-7-3